사람의 마음을 얻는 기술

상대를 확실하게 사로잡는
Skill to Capture People's Minds

사람의 마음을 얻는 기술

라이프 엑스퍼트 지음

김 욱 옮김

설득과 호감으로 상대를 꿰뚫어라

사람의 마음을 얻는 기술

2021년 01월 15일 개정 1판 1쇄 인쇄
2023년 03월 20일 개정 1판 5쇄 발행

지은이 ㅣ 라이프 엑스퍼트
옮긴이 ㅣ 김욱
일러스트 ㅣ 김현빈
펴낸이 ㅣ 김정재
펴낸곳 ㅣ 뜻이있는사람들
북디자인 ㅣ 파코디자인

등록 ㅣ 제410-304호
주소 ㅣ 경기도 고양시 덕양구 지도로 92번길, 55, 다동 201호
전화 ㅣ 031-914-6147
팩스 ㅣ 031-914-6148
이메일 ㅣ naraeyearim@naver.com

ISBN 978-89-90629-56-2   03320

인간관계를 자유자재로
이끄는 성공 프로젝트

· 완고하게 '노' 라고 말하는 상대방으로부터 어떻게 해서든 '예스' 라는

  말을 듣고 싶다.

· 화를 내며 흥분하는 상대방을 잘 달래고 싶다.

· 미적지근하기만 한 그녀를 유도해서 더 깊은 관계로 나아가고 싶다.

· 원칙만을 내세우는 부하나 후배의 본심이 알고 싶다.

누구나 한 번쯤은 이런 상황을 기대해 본 적이 있을 것이다.

여러 가지 상황에서 사람을 자기 마음대로 조종할 수 있다면 얼마나

편할까. 현대인의 고민 중에서도 가장 큰 고민은 인간관계의 어려움이라

고 한다. 이런 고민도 사람을 자유자재로 컨트롤할 수 있다면 대부분 해

소될 것이다.

이 책에서는 상대방을 마음대로 조종하기 위한 구체적인 사례와 그 테크닉을 준비했다.

여기 소개된 여러 가지 비법은 심리학상의 실험과 선인들의 경험에서 끄집어낸 검증된 기술들이다. 그 효과에 대해서는 진심으로 놀라게 될 것이다.

그러나 악용, 남용은 금물이다. 당신의 인간관계로 인한 고민을 해결하고, 원만한 교제를 위해 활용해 주기 바란다.

-라이프 엑스퍼트

성공을 향한 기초

바야흐로 '말(言)의 시대' 가 도래했다. '말의 시대' 를 다른 말로 표현하면 자기표현의 시대다. 자기 생각과 능력을 상대방에게 전달하는 능력이 성공의 필수가 되었다.

입사에서도 면접이 중요시되고 있으며, 대학들도 논술을 점차 강화하고 있다. 머릿속에 얼마나 다양한 지식이 들어 있느냐보다 어떻게 끄집어내느냐가 그 사람의 능력을 결정하는 가치 기준으로 대접받고 있다. 이제 설득의 능력은 성공을 향한 기초가 되었다.

불과 몇 년 전까지만 해도 '말보다는 실력' 이라는 논리가 통용되었으나, 현재는 '말이 곧 실력' 이라는 가치관이 확립되었다. 수많은 생각과 논리가 복잡하게 얽혀 있는 현대사회에서 나의 의견과 생각을 살리지 못한다는 것은 이 사회에서 도태될 수밖에 없음을 뜻한다.

살아남기 위해 나보다 약한 누군가를 짓밟고 올라서야 하는 경쟁사회의 시효가 끝나 가고 있다. 앞으로의 사회는 나보다 강한 자, 혹은 나와 비슷한 위치에 있는 경쟁상대를 내 편으로 끌어들여야 하는 시대가 될 것이다.

실제로 인간의 삶은 매 순간이 설득하느냐, 설득당하느냐의 갈림길이라고 해도 무방하다. 대형 마트에서 상품을 사는 것도 따지고 보면 설득이다. 한창 시끄러웠던 FTA 같은 외교적 현안도 그 본색은 설득이다. 그리고 설득이란 결국 인간의 심리다. 인간의 심리를 알면 인간을 설득할 수 있다.

설득의 제일 나은 기술은 인간의 심리를 깨닫는 데 있다. 인간의 심리를 알면 그만큼 설득하는 작업이 수월해진다. 설득의 중요성을 강조하는 많은 책이 시중에 범람하고 있지만, 정작 설득하는 주체이자 설득당하는 대상인 인간에 대해서는 그 비중을 가볍게 여기고 있다. 그런 의미에서 인간의 심리를 갖가지 사례와 더불어 일목요연하게 정리한 이 책은 현대인들이 반드시 읽어야 할 필독서이자, 교과서라고 생각된다. 대학입시부터 면접시험, 상품판매, 외교전략, 연애, 우정 등 인생의 거의 모든 부분에서 우리는 낯선 타인과 인격적인 충돌을 경험한다.

인격적인 충돌을 다른 말로 표현하면 심리적인 충돌이다. 그 심리적 충돌에서 승자가 되기 위해서는 인간의 심리를 이해하는 수밖에 없다. 그렇다고 심리학을 전공하라는 말은 아니다.

이 한 권의 책이면 누구든지 인간의 마음과 생각을 이해할 수 있다. 그가 말하지 않아도 그가 무엇을 원하는지 알 수 있다. 그에게 말하지 않아도 그에게 내가 원하는 것을 알려줄 수 있다. 현대사회에서 이보다 더 큰 비장의 무기는 없을 것이라고 확신한다.

−김욱

contents

03장 타인의 압력을 가볍게 피하는 방법

-대립관계에 있는 상대도 두렵지 않다

04장 상대방의 마음에 불을 지피는 방법

-의욕이 없는 사람을 변신시키는 기술

05장 직장에서 좋은 인간관계를 맺는 기술
-업무 효율을 향상하려면

06장 주변 의견을 내 뜻대로 변화시키는 방법
-불리한 상황을 어떻게 바꿀 것인가

09장 좋아하는 사람을 사로잡는 방법
-남자와 여자의 마지막 단계

1장

사람을
설득하는 방법

– 까다로운 상대도 손쉽게 설득할 수 있다

첫 만남에서
호감을
얻는 방법

'남들이 말하는 자기 자랑'을 듣다 보면 즐거울 때보다 지루하거나, 은근히 부아가 치밀 때가 더 많다.

왜냐하면, 이런 이야기들 대부분이 자신의 성공담이기 때문이다. 타인의 성공에서 뭔가를 배워야 한다고들 하지만, 타인이 겪은 성공 이야기를 진력이 날 때까지 듣는 것은 그리 유쾌한 경험은 아니다.

그렇다면 반대로 타인에게 숨기고 싶은 '실패담'이라면 어떨까? 실제로 다른 사람의 실패 이야기는 그가 이룩한 성공보다 흥미롭다. 성공담을 들려줄 때는 시무룩했던 사람도 실패라는 단어가 들리면 자기도 모르게 귀를 기울인다. 따라서 실패담은 '꽤 재미있었다'로 끝나면 안 된다. 나의 실패담은 내가 설득해야 하는 상대방을 이해시키는 하나의 수단이 되어야 한다.

물론 회사에 엄청난 손해를 끼쳤다든가, 교통사고를 일으켜 사람을 다치게 한 것 같은 실패라면 이야기가 다르다. 그래도 대부분의 사람은 상대방의 '작은 실패담'을 듣고 싶어 한다. '저 사람도 나처럼 실수를 저질렀구나'라는 동질감을 원하는 것이다. 그런 동질감을 보여 준 사람에게 호감이 가는 것은 당연하다. 이와 같은 동질감은 일종의 안도감이라고 할 수 있다. '이런 사람도 실수를 저지를 때가 있구나'라는 안도감이다. 이런 식으로 상대방에게 호감을 받을 수 있는 '기초'를 만들어 두면 상대방을 설득하는 과정은 더욱 손쉬워진다.

실패담이 어째서 나에 대한 상대방의 호감을 끌어내는지를 증명한 다음과 같은 실험이 있다. 이 실험에서는 먼저 학생을 두 그룹으로 나눈다. 실험자는 그룹별로 커피숍에서 한 여성과 데이트를 하게 한다. 이와 같은 여성이 실험의 비교 조건으로 학생들과 이야기를 나눈다.

첫 번째 그룹과의 데이트 때 여성은 이야기 도중에 일부러 커피를 쏟는 '실수'를 저지른다. 두 번째 그룹과 데이트를 할 때는 이 같은 '실수'를 저지르지 않는다. 데이트가 끝난 후 그룹별로 여성에 대한 호감도를 조사한다.

결과는 상당히 흥미롭다. 같은 조건에서 진행된 데이트임에도 불구하고 커피를 쏟은 여성의 실수를 목격한 그룹이 그렇지 않은 그룹보다 여성에 대한 호감도가 훨씬 높았다. 작은 실패가 상대방으로부터 호감을 끌어낼 수 있다는 방증이다.

그러고 보면 이런 경우는 현실에서도 쉽게 찾아볼 수 있다. 미스터 베이스볼로 불리는 자이언츠의 나가시마 전(前) 감독이 은퇴 후에도 계속 사랑받는 이유는 그가 평소 실수와 실언을 많이 했기 때문이다. 위대한 슈퍼스타임에도 일반인조차 하지 않는 '말실수'를 저지르는 모습을 지켜본 시민들은 어이없어하면서도, 한편으로는 '나와 다를 게 없다'라는 동질감을 느끼는 것이다.

비즈니스적인 상담이 진행 중일 때 상대방이 지나칠 정도로 당신에게 경계심을 품고 있거나, 긴장을 늦추지 않는다면 적당한 때에 '실수'를 저질러 보기 바란다. 상대방은 자기도 모르게 당신에 대한 긴장을 늦추고 관심을 나타내게 될 것이다.

고집 센
사람을
설득하는 지혜

정치가와 관료들은 흔히 고급 요정을 자주 찾는다. 정치적으로 중요한 사안을 요정에서 처리하는 것이다. 만에 하나 이런 과정이 들통나면 여론으로부터 호된 비난을 당한다. 일반 시민들은 '죄를 저지르는 것도 아닌데 대낮에 사무실에서 협의하는 게 옳지 않은가?' 라고 생각한다. 그러나 식사의 효용을 생각한다면 '요정정치' 라고 무조건 비난하는 것도 다시 생각해 볼 문제다.

같은 목적으로 누군가를 설득해야 할 때 식사를 하면서 상대방을 설득할 때와 그렇지 않을 때의 결과에는 상당한 차이가 있다. 그저 설득만 계속해서는 쉽게 넘어오지 않던 상대도 식사를 같이하면서 이야기를 꺼내면 예상외로 간단하게 넘어오는 경우가 적지 않다.

이에 관해서도 주목할 만한 실험이 진행되었다.

우선 실험 전에 실험 대상자에게 '암의 치료법' 과 '달나라 여행' 같은 테마에 대해 어떻게 생각하느냐고 물어본다.

그리고 실험 대상자를 세 그룹으로 나눈다. 그리고 앞의 질문에 대한 조사 대상자의 대답과 상반된 의견이 적혀 있는 책자를 읽어 준다.

(1) 콜라를 마시거나 도넛를 먹으면서 책자를 읽는 그룹.

(2) 불쾌한 자극 속에서 책자를 읽는 그룹.

(3) 보통 상태에서 책자를 읽는 그룹.

위의 조건에서 실험을 진행한 후 다시 그들의 의견을 듣는다.

그 결과 의견을 바꾼(책자에 설득된) 집단은 (1)의 콜라를 마시거나 도넛을 먹으면서 책자를 읽은 그룹에서 가장 많았다. 뭔가를 먹는 도중에 설득된 것이다.

반대로 불쾌한 자극 속에서 책자를 읽은 그룹과 평소와 같은 환경에서 책자를 읽은 그룹은 실험 전과 별다른 차이가 없었다.

인간은 식사 중에 긴장이 가장 늦춰진다. 기분이 좋을 때 상대방의 의견을 들으면 거부감도 그만큼 줄어든다. 따라서 상대방의 의견을 쉽게 받아들인다. 식사를 함께하며 설득할 때 성공률이 높아지는 이유다.

유럽에서도 의견이 상충하는 집단 간의 교섭 장소로 레스토랑이 자주 이용된다. 레스토랑의 아늑한 분위기 속에서 식사하다 보면 상대방과의 절충점이 더 쉽게 발견되는 것이다. 왠지 모르게 상대방의 이야기를 들어주고 싶고, 좋은 분위기를 생각해서라도 원만하게 타협하고 싶어지는 것이다. 정치가들도 그 점을 알고 있기에 중요한 사안이 있을 때마다 요정을 이용하는 것 같다. 마찬가지로 기업가들은 고급 레스토랑과 술집을 활용한다. 식사를 함께함으로써 설득의 과정이 더욱 순조로워진다는 것을 몸소 체험했기 때문이다.

설득의
기본자세

국가간의 축구시합 때 양국 선수들은 카메라 기자 앞에서 포즈를 취한다. 이때 대부분 팔짱을 끼고 인상을 잔뜩 찌푸린다. 승리에 대한 열망과 국가를 대표한다는 자부심의 표현이겠지만, 이런 포즈는 그라운드에서나 위력을 발휘할 뿐 비즈니스 세계에서는 반드시 피해야 할 포즈라고 할 수 있다.

축구선수들의 이런 행동을 '클로즈 포지션' 이라고 부른다. 고개를 뻣뻣이 들고 상대방을 내려다보는 듯한 태도가 대표적인 클로즈 포지션(Close position)이다. 이런 행동은 상대방에게 반감을 주기 쉽다.

축구선수들이야 상대방에게 자신들의 강력함을 보여 주고 싶기에 이런 포즈를 취한다지만, 비즈니스맨은 상대방을 설득하는 것이 목적이므로 클로즈 포지션을 취하지 않도록 각별히 주의해야 한다.

설득해야 할 대상을 만났을 때 이런 포즈를 취했다가는 아무리 노력해도 '예스' 라는 말을 듣지 못한다. 상대방은 당신이 '빨리 사라져 주기를' 바랄 것이다.

'클로즈 포지션'이 있다면 '오픈 포지션'도 있기 마련이다. '오픈 포지션(Open position)'은 상대방을 정면으로 바라보며, 손바닥을 상대방에게 보이는 것이 기본자세다. 또는 의자에 앉았을 때 두 발을 자연스럽게 벌리는 것도 좋은 포즈.

'오픈 포지션'은 상대방에게 아무것도 숨기지 않는다는 무언의 의미를 전달한다. 그 태도만으로도 상대방은 성의를 느낀다. 따라서 많은 말을 하지 않아도 상대방의 마음을 열 수 있다.

이처럼 '오픈 포지션'만으로도 상대방을 어느 정도 설득할 수 있는 까닭은 오픈 포지션이 '사회적 지위'와 연관이 크기 때문이다.

'벼는 자랄수록 고개를 숙인다'라는 속담처럼 사회적 위치가 높은 사람일수록 겸손한 태도를 유지하는 경우가 많다. 사람이 많은 장소에서 인사를 받기보다는 먼저 다가가 인사하는 것이다. 선거 포스터를 생각해 보기 바란다. 거만하게 팔짱을 끼고 사진을 찍는 후보는 없다.

즉, 우리 인식 속에는 '사회적 지위가 높을수록 오픈 포지션이 자연스럽다'라는 공식이 깔린 셈이다.

'오픈 포지션이 자연스러운 사람 → 사회적 지위가 높은 사람 → 믿을 수 있는 사람'이라는 연상이 무의식중에 일어나는 것이다. 결과적으로 사람들은 오픈 포지션에 취약해질 수밖에 없다.

누군가를 설득하고 싶다면 이와 같은 오픈 포지션을 최대한 활용하는 것도 좋은 방법이다.

설득할 줄 모르는 사람일수록 완력에 기댄다. 상대방을 설득해야겠다는 마음만 앞서 자기도 모르게 몸을 앞으로 내밀거나 양손을 거칠게 흔

들기 쉬운데, 이와 같은 열연은 자칫 클로즈 포지션으로 인식될 위험이
크다.

　자연스럽게 웃으면서 상대방이 나의 모든 것을 관찰할 수 있도록 나
의 전부를 모두 보여 주는 행동이야말로 설득의 기본자세인 것이다.

마음을
돌리기 위한
마지막 다짐

예를 들어 당신은 지금 '내 집 마련'을 위해 부동산 중개인과 돌아다니고 있다. 몇 군데 돌아본 결과 모두 당신 마음에 들었다.

이때 당신은 다음 중개인 중 누구의 말을 따를 것인가?

(1) "일조권도 좋고, 방도 평수보다 넓게 나왔고, 역과의 거리도 아주 가깝습니다. 고객님이 원하신 조건에 딱 맞는 것 같군요."

(2) "일조권도 좋고, 방도 평수보다 넓게 나왔고, 역과의 거리도 아주 가깝습니다. 고객님이 원하신 조건에 딱 맞는 것 같군요. 괜찮으시다면 지금 이 집으로 결정하시죠?"

(1)과 (2)의 차이는 마지막 한 마디다. (1)은 당신의 권리를 침해하지 않는 범위에서 당신을 설득하려고 한다. 이에 반해 (2)는 "지금 이 집으로 결정하시죠?"라고 적극적으로 권유하고 있다.

물론 '내 집 마련'이라는 중차대한 결정을 중개인이 권했다고 해서 무조건 '네, 알겠습니다'라고 대답하는 사람은 없다. 하지만 이와 비슷한 상황에서 거래되는 상품이 옷이나, 음식이라면 별다른 고민 없이 응해 버리는 사람도 있을 것이다. 이미 심리학에서는 실험을 통해 (2)처럼 적극적으로 권유하는 편이 효과적이라고 입증되었다.

심리학에서는 (1)과 같은 케이스를 '암시적 설득'이라고 부른다. 끝까지 결론을 유보한 채 상대방을 설득하는 방법이다. (2)는 '명시적 설득'이라고 부른다. 충분한 이유를 제시한 후 '그러므로 지금 이 집을 사는 게 좋다'라고 확정된 결론을 제공하는 설득법이다.

'암시적 설득'보다 '명시적 설득'이 더 효과적임을 입증한 실험이 미국에서 진행된 적이 있다.

우선 '달러 절하는 부당하다'라고 생각하는 학생들을 모은다. 그리고 이 학생들을 '달러 절하에 찬성하도록' 설득한다. 설득 방법은 달러 절하에 대한 책을 읽어 주는 것이다. 책은 다음과 같이 두 종류였다.

첫 번째 책은 달러를 절하하지 않을 경우 미국이 어떤 위험을 감수해야 하는지가 열거되어 있다. 두 번째 책은 같은 내용이지만, 마지막에 '그러므로 미국은 달러를 절하해야 한다'라고 결론을 내리고 있다. 차이는 그게 전부다.

결과는 마지막에 결론을 명시한 문장을 읽은 그룹에서 두 배나 많은 달러 절하 찬성이 나타났다. 다시 말해 '암시적 설득'보다 '명시적 설득'이 훨씬 효과적이었던 셈이다.

상대방을 설득할 때 결론은 말하지 않고 이유만 길게 설명하는 사람이 있는데, 이는 결코 효과적이지 않다.

상대방이 이해할 수 있도록 이유를 설명하는 것도 중요하다. 하지만 더 중요한 것은 '그러므로 이렇게 해야 한다'라는 결론이다. 결론이 제시되지 않으면 상대방은 당신이 무엇을 요구하는지 모르게 된다.

머뭇거리는 상대방을 뒤에서 '탁' 하고 밀어줘야 한다. 그것이 중요하다.

바쁜 사람을
스피디하게
설득하는 방법

설득은 크게 두 가지로 나눌 수 있다. 설득의 목적을 마지막에 들려주는 '클라이맥스 논법'과 처음부터 그 목적을 밝히는 '반클라이맥스 논법'이다. 일반적으로는 '클라이맥스 논법'이 '반클라이맥스 논법'보다 효과적이다.

그러나 상대에 따라서는 '반클라이맥스 논법'이 더 효과적일 때도 있다. 상대방이 매우 바쁜 사람이거나, 이른바 '거물'로 불리는 사람인 경우다.

이런 상대방과 교섭할 때는 우선 만남 자체가 쉽지 않다. 여러 번 시도해야 간신히 만나 준다. 이때 많은 사람이 상대방에게 굽실거린다. 시간을 내줘서 고맙다느니, 평소에 존경했다느니 하면서 서론이 너무 길다. '이 사람은 거물이다'라는 데에 너무 집착한 나머지 본론도 끄집어내지 못하는 경우도 있다. 이렇게 했다간 어렵사리 만난 상대방으로부터 반감만 사게 된다.

이런 상황일수록 인사말은 짧게 끝내고 "오늘 이렇게 만나자고 한 이유는…." 하고 곧바로 본론을 꺼내는 편이 좋다. 쉽게 말해 '반클라이맥스 논법'으로 상대방을 설득하는 것이다.

업계에서 가장 바쁜 사람, 혹은 거물로 인정받는 사람일수록 판단에 대한 스트레스가 크다. 그들은 한정된 시간 속에서 '예스'와 '노'를 반복해야 한다. 가뜩이나 스트레스가 심한데 본론은 꺼내지도 않고 겉치레만 길어지는 상대방을 어떻게 생각하겠는가. 차라리 시작부터 본론으로 치고 나오는 상대가 더 반가울 것이다.

또 이런 사람들에겐 '호인'으로 보이기보다는 '수완가'로 보이는 편이 유리하다.

그래서 번거로운 인사말을 둘러대는 것보다 만나자마자 본론을 이야기하는 방식이 더 큰 효과를 기대할 수 있다.

구체적으로 예를 든다면, "○○건으로 부탁 좀 드리러 왔습니다."라고 인사를 대신한 후 "이에 대해서는 해결해야 할 문제가 세 가지 정도 있습니다."라는 식으로 사전에 포인트를 정리해서 상대방에게 알려주는 것이 중요하다.

일종의 '반클라이맥스 논법'이라고 할 수 있는데, 처음부터 문제가 무엇인지를 설명해 주면 상대방도 나름대로 예측하면서 이야기를 듣게된다. 상대방 머릿속에 내가 말하고 싶은 내용을 제대로 입력시켜 주기만 하면 그만큼 상대방을 설득하기도 쉬워진다. 거물급이 방어적인 이유는 사람들이 그들에게 단도직입적으로 요구하지 않고 이런저런 사정을 구구하게 설명할 때가 더 많았기 때문이다. 이것은 설득이 아니라 구걸이다.

물론 살다 보면 세상 돌아가는 잡다한 형식에 얽매이는 거물도 있다. 그런 사람을 만났을 때는 상황을 봐 가면서 적절하게 공략 포인트를 수정하면 된다.

서론을 삭제하고, 본론으로 들어가 논리정연하게 설명한다. 바쁜 상대방을, 혹은 거물을 설득할 때는 이 방법이 최선이다.

설득의 성패는
최초 3분에 달렸다

사느냐, 죽느냐가 걸린 문제라면 며칠씩 방황하는 것이 당연하다. 그러나 어떤 사람으로부터 의뢰받은 일을 맡느냐, 맡지 말아야 하느냐의 문제라면 어떻게 하는가? 극단적으로 말해 오늘 점심을 라면으로 할 것이냐, 돈가스로 할 것이냐를 생각할 때 며칠씩 고민하고 방황하는 사람은 없을 것이다.

매일 점심 메뉴를 선택해야 하는 상황에 놓인 것처럼 이 분야에서의 업무를 몇 년째 맡고 있다면 맡을 것이냐, 맡지 않을 것이냐의 여부쯤은 상대방이 내놓은 조건만 듣고도 그 자리에서 결론을 내릴 수 있다. 단정적으로 말해서 인간이 어떤 결론을 내리는 데 필요한 시간은 3분이다. 만약 3분이 초과했다면 결론을 내리기 위한 시간이 아니라 자신이 내린 결론이 정당하다는 것을 밝히는 데 필요한 시간이다.

즉, 절충과 교섭이 쉽지 않은 비즈니스 세계에서도 실은 3분이면 모든 게 결정된다는 뜻이다.

3분이라는 시간은 심리학적으로도 의미가 크다.

심리학자들은 인간이 어떤 문제에 집중할 수 있는 최대한의 시간이 3분이라고 단언한다. 3분이 지나면 집중하고 싶어도 의식이 점차 확대되어 여러 가지 사안으로 분산된다는 것이다. 따라서 상대를 설득하는 데 최초의 3분이 가장 중요하다. 상대방이 당신의 이야기를 진지하게 들어줄 수 있는 시간은 오직 3분뿐이다. 당신이 상대를 설득하기 위해 필사적으로 달려드는 시간도 3분이 전부다. 그 3분에 모든 것을 걸어야 한다. 성공하면 상대방의 마음을 얼마든지 움직일 수 있다.

3분이라는 짧은 시간 동안 상대방을 설득하려면 어떻게 해야 할까. 청산유수처럼 말을 쏟아내야 할까? 꼭 그런 것은 아니다. 아무리 말이 서툰 사람이라도 3분 정도는 자기 생각을 구체적으로 밝힐 수 있다. 유능한 CEO일수록 즉석에서 결단하는 스타일이 많다. 이것은 그들이 의식하든, 의식하지 않든 3분 이상 이야기할 기회를 주지 않고 있다는 뜻이다. 다시 말해 3분 동안 자신을 설득할 수 있다면 무조건 'GO' 사인을 내린다. 그렇게 못 하면 두 번 다시 기회를 주지 않는다.

상대가 즉석에서 결단하는 타입이 아니라고 하더라도 입 밖으로 시인하지만 않았을 뿐, 최초의 3분으로 이미 결단을 내렸다고 봐야 한다. 인간에게 주어진 시간은 3분이 전부다. 이 3분에 모든 것을 걸어야 한다.

설득하고
또 설득하면
결과는?

고전적인 세일즈 테크닉 중 "'이 사람이다'라고 생각되면 상대방이 수락할 때까지 물고 늘어지라"라는 수법이 있다.

이 방법은 테크닉이라기보다는 오로지 체력과 기력으로 대결하는 세일즈 기법이라고 할 수 있는데, 과연 이런 방법이 어느 정도나 효과적일까.

몇 번이고 고객의 집을 방문한다, 머리를 조아리고 사정한다…. 사람에 따라서는 그 노력이 가상해 상품을 사 줄 수도 있을 것이다. 하지만 실제로 이와 같은 방법은 수고보다 대가가 적다. 고객은 단지 '지겹다'라는 생각밖에 하지 않는다. 왜냐하면, 줄기차게 찾아오는 세일즈맨을 상대할수록 그 상품에 대한 흥미가 사라지기 때문이다. 같은 이야기를 몇 번 들었을 때 인간의 흥미가 최고조에 달하는지를 조사한 실험이 있다.

실험은 학생을 대상으로 왜 대학의 예산을 늘려야 하는지를 설명하는 방식이었다.

실험자는 학생들에게 똑같은 내용의 이야기를 한 번, 세 번, 다섯 번 들려준 다음 학생들이 어느 정도 설득되었는지를 조사했다.

그 결과 설득 효과가 가장 높았던 케이스는 같은 이야기를 세 번 들려줬을 때였다. 학생들은 첫 번째보다는 두 번째, 두 번째보다는 세 번째 같은 이야기를 들었을 때 심리적으로 동조하는 비율이 늘어났다.

그런데 다섯 번째가 되자 심리적 동조 비율이 현저하게 저하되었다. 같은 이야기를 다섯 번이나 듣게 되면서 일종의 반발 심리가 발생한 것이다. 이는 주제에 대한 반발이 아니라 횟수에 대한 반발이었다. '똑같은 이야기를 왜 다섯 번이나 들어야 하는가' 라는 심리가 형성되면서 찬성했던 학생들마저 다시 반대론으로 입장이 돌아섰다. 즉, 자신을 설득하려는 상대방의 의도에 화가 치밀었다.

상대방이 조금씩 내 의견에 움직이는 것 같다는 확신이 상황을 악화시킬 수 있다. '한 번만 더, 한 번만 더' 라고 생각했다간 오히려 역효과를 일으킨다.

부모는 자녀에게, 상사는 부하에게 똑같은 말을 되풀이하는 경우가 많은데, 이것은 오히려 반감을 불러일으킬 뿐이다.

신념이
강한 사람
설득하기

종교를 가진 사람을 설득해서 다른 종교를 믿게 하거나, 무신론자로 만드는 것은 거의 불가능하다고 말해진다.

누가 보더라도 내 이야기가 100% 옳은데, 상대방은 꿈쩍도 하지 않는다. 꿈쩍도 하지 않을 뿐만 아니라 자기가 옳다고 생각하는 신념에 더욱 깊이 빠져든다.

이처럼 종교를 가진 사람들은 신념에 따라 행동하는 사람들이다. 이런 사람들의 사고방식을 변화시키기란 여간 어려운 일이 아니다. 이를 직접 실험으로 증명한 사례도 있다.

미국에서 교회에 열심히 다니는 50명의 여고생을 대상으로 실험을 시행했다.

먼저 그녀들에게 '예수 그리스도는 하느님의 아들인가?' 라고 물었다. 50명 전원이 그렇다고 대답했다. 다음으로 '얼마 전, 성서의 내용을 완전히 뒤집는 새로운 성서가 발견되었다' 라고 설명한 후 거짓 성서를 읽어 준다. 그 성서에는 그럴싸한 근거와 함께 "예수 그리스도는 하느님의 아들이 아니다"라고 기록되어 있다.

거짓 성서를 읽어 준 후 다시 여고생들에게 맨 처음의 질문을 던졌다. 어떤 결과가 나왔을까?

거짓 성서의 내용에 설득된 여고생은 단 한 명도 없었다. 설득되기는커녕 여고생 전원이 "예수 그리스도는 하느님의 아들"이라는 신념이 더욱 강해졌다고 대답했다.

기독교 신자에게 '예수 그리스도는 하느님의 아들이다' 라는 전제는 전제 중의 전제인 대전제다. 이를 반대하는 의견과 맞닥뜨리면 기독교 신자들은 관심을 두기보다는 자신들의 신념을 지키려는 방어적 태도를 선택하게 된다.

왜냐하면, 이것은 그들의 신념, 즉 생활방식에 관한 것이기 때문이다.

자신들의 생활을 부정하는 주장은 자신이 살아온 인생을 부정하는 것이며, 이는 결과적으로 자기 자신을 부정하는 것과 마찬가지다. 어떤 경우에도 인정할 수 없다.

아니, 인정할 수 없을 정도가 아니다. 그들에게는 자신의 신념을 거부하는 사상이 있다는 것만으로도 위기감을 느낀다. 스스로를 보호하기 위해서라도 자신의 신념을 더 강하게 밀고 나가는 수밖에 없다.

인간에겐 양보해도 되는 부분과 결코 양보할 수 없는 부분이 있는 법인데, 신앙과 신념은 양보할 수 없는 부분의 전형이다.

그렇다면 상대방에게 자신의 신념을 바꾸게 하려면 어떻게 설득해야 할까? 우선 상대방의 신념과 어긋나는 의견을 강요해서는 안 된다. 그것이 첫 번째다.

이럴 때는 사소한 일에서부터 부드럽게 설득해 가는 수밖에 없다. 시간은 걸리겠지만, 어쩔 수 없다.

설득당하지 않는
사람을
설득하는 방법

프로 장기기사는 머릿속에서 장기판을 뒤집어볼 수 있다고 한다. 다시 말해 상대방 처지에서 장기판을 바라보는 것이다. 장기 초보자는 '어떻게 공격할까' 만 생각하는 것으로도 벅차다. 공격만 생각하다 보니 방어가 약해지고, 뜻하지 않은 실수를 하게 된다. 그러나 상대방 처지에서 장기판을 바라볼 수 있게 되면 상대방이 어떤 식으로 공격해 올지, 내가 어떤 식으로 공격해야 하는지가 보인다. 자연히 승률도 올라간다.

'상대방의 처지에서 생각하는' 전술은 설득이 필요한 상황에서도 큰 도움이 된다. 일반적으로 상대방을 설득할 때 자기가 하고 싶은 말만 설명한 다음 이해를 강요하는 경우가 많다. 세일즈맨이라면 이 상품이 얼마나 뛰어난지를 어필하고, 용돈을 더 받고 싶은 남편은 지금 받는 금액으로는 사회생활이 불가능하다고 호소한다.

하지만 이런 방법만으로는 상대방의 생각을 뒤집기 어렵다. 처음부터 상대가 그 상품에 흥미를 느끼고 있거나 아내가 슬슬 용돈을 올려 줘야겠다는 생각을 하고 있다면 그럭저럭 승산이 있겠으나, 그럴 마음이 전혀 없다면 아무리 설득해도 '그래서 뭘 어쩌라는 거야?' 라는 대답밖에 나오지 않는다.

이럴 때야말로 '상대방의 처지에서 장기판을 바라보는 지혜' 가 필요한 시점이다. 원래 '노' 라고 말하는 사람일수록 왜 '노' 라는 것인지 이유를 설명하는 경우가 드물다. 본심을 숨긴 채 끝까지 '노' 로 밀고 나간다. 그럴 때는 먼저 상대방의 본심을 캐 봐야 한다.

예를 들어 상대방이 상품에 관심을 보이지 않으면 '왜 관심을 보이지 않는가?' 를 생각해 본다. '값이 너무 비싸다' 라든가, '지금은 필요 없다', 혹은 '이미 가지고 있다' 등 여러 가지 이유가 있을 것이다.

상대방 입장에서 진짜 이유를 찾아낸 후 이것을 실마리로 더 구체적인 설득 방법을 생각해 본다.

'값이 너무 비싸다' 가 진짜 이유라면 좀 더 싼 상품을 소개하거나, 할부를 권하는 방법도 있다. 값은 비싸더라도 그만한 가치가 있는 상품이라고 설득하는 방법도 있을 것이다. 덮어 놓고 '이건 좋은 상품입니다' 라고 호소하기보다 상대방 마음에 부응하려는 자세가 중요하다.

용돈을 올려 받고 싶을 때도 마찬가지다. 특별한 이유도 없이 이 정도면 충분하다면서 '노' 를 외치는 수도 있다.

그렇다면 어떻게 해야 아내 입에서 '예스' 라는 말이 떨어질지를 생각해 봐야 한다. 상대방이 지금 무엇을 생각하고 있으며, 무엇이 불만인지를 알게 되면 상대방을 공격하는 방법도 자연스레 떠오르게 된다.

2장

상대방에게
'Yes'를
끌어내는 방법

– 힘든 문제도 깨끗이 해결할 수 있다

상대방을 완전히 내 편으로 만드는 '설득의 기술'

정치가나 기업의 CEO라고 하면 웅변적인 스타일일 거라는 생각이 지배적이다. 그러나 동양 문화권에서는 꼭 그렇지만은 않다. 동양문화는 전통적으로 자기 생각을 말할 때 목소리를 크게 높이지 않는 것이 예절이라고 생각하는 경향이 많다. 서구 정치가와 경제인들이 매스컴에 등장해 자신만만한 표정으로 자기 생각을 말하는 것과는 무척 대조적이다.

동양문화는 능변보다 과묵함을 더 높게 평가하는 풍토다. 일단 말이 많으면 어쩐지 믿음이 안 간다고 생각하는 사람들이 아직도 많다. 동양권에서 청산유수로 말을 잘하는 세일즈맨보다 더듬더듬 이야기하는 세일즈맨의 성적이 더 좋은 이유는 그 때문이다.

속사포처럼 말을 쏟아 내는 세일즈맨일수록 미리 할 말을 준비하거나, 매뉴얼을 길게 나열하는 데 그칠 뿐인 경우가 대부분이다. 간혹 이와 달리 진심으로 열변을 토하더라도 고객은 쉽게 수긍하지 못한다. 말이 많은 세일즈맨은 신뢰할 수 없다는 고정관념이 있기 때문이다.

가령 말솜씨가 능숙하지 않더라도 천천히 이야기하는 세일즈맨에 대해서는 고객들도 상대적으로 경계를 쉽게 늦춘다. 경계심이 늦춰진 상황에서 이야기가 더 잘 전달되는 것은 당연하다.

실제로 동양과 서양의 설득 방법에 대한 인식을 조사해 봤더니 서구인들은 능변가들에게 설득되는 반면애 동양인은 천천히 말하는 사람에게 설득당할 확률이 더 높다는 결과가 나왔다.

그 이유에 대해 서구 심리학자들은 동양인들이 아직도 공개된 장소에서 자기 의견을 말하는 데 거부감이 있다는, 즉 민주주의가 미숙하기 때문이라는 이유를 꼽고 있지만, 어쨌든 분명한 사실은 동양권에서는 말이 많을수록 '경솔' 해 보인다는 점이다.

따라서 상대방에게 뭔가를 부탁할 일이 있을 때는 의식적으로 천천히 말하는 편이 좋다. 능수능란한 표현을 써 가며 부탁하더라도 상대방, 또는 고객은 수긍하지 않아도 되는 '가벼운' 부탁으로 치부하거나, 나를 설득하려는 저 사람이 성실치 못하다는 인상을 받게 될 위험이 있다. 반대로 목소리를 낮추고 천천히 이야기하면 상대방도 그 부탁을 함부로 무시하지 못하게 된다. 자연히 부탁을 들어줄 확률이 높아지는 것이다.

무리하게
부탁할 때는
거칠게 나가라

제아무리 업무와 인간관계를 깔끔하게 꾸려 나가는 사람이라 하더라도 가끔은 상대방에게 생각지도 못한 무리한 부탁을 간청해야 할 때가 발생한다. 예를 들어 상식적으로는 두 달이 넘게 걸리는 작업을 '제발 부탁이니 한 달 안에 끝내주십시오' 라고 부탁해야 할 때다.

하지만 이런 무리한 부탁을 무조건 'OK' 할 사람은 없다. '미안하지만 곤란한데요' 라고 대답할 게 뻔하다.

그러나 당신이 상황을 어떻게 유도해 나가느냐에 따라 '그럼 한번 해보죠' 라는 대답이 돌아올 수도 있다. 그러기 위해서는 처음부터 '억지'로 나가야 한다.

예를 들어 두 달이 넘게 걸리는 업무를 2주일 안에 끝내 달라고 부탁하는 것이다. 또는 100만 원이 필요할 때 고의로 '300만 원만 빌려주십시오' 라고 부탁한다. 무리한 부탁을 넘어서는 이 같은 '말도 안 되는 부탁'은 거절당하는 것이 자명하다. 그러나 승부는 바로 지금부터다.

이처럼 '말도 안 되는 부탁'을 거절당한 후 처음 생각했던 '무리한 부탁'을 간청해 보자. '2주일이 힘들다면 한 달은 가능할까요?'라고 물어보면 상대방은 '글쎄요, 한 달이라면 생각 좀 해볼게요'라고 한 발짝 물러서게 된다. 마찬가지로 '그럼 100만 원이라도 빌려주면 안 될까요?'라고 부탁하면 상대방은 '100만 원이라면 어떻게 될지도 모르겠는데'하고 조금 누그러진 태도로 반응하게 될 것이다.

이 같은 수법을 '도어 인 더 페이스(Door in the face technique)', 또는 '양보적 요청법'이라고 한다.

한마디로 말해서 '무리하다 싶은 부탁'을 할 때는 아예 처음부터 '말도 안 되는 부탁'을 밀고 나가는 전술이다. 상대방은 이 '말도 안 되는 부탁'을 당연히 거절하겠지만, '말도 안 되는 부탁'에 비하면 '무리한 부탁'쪽이 들어주기 쉬우므로 자기도 모르게 갈등하기 시작한다.

인간의 이 같은 심리는 실험을 통해서도 증명되었다.

실험자는 학생들에게 "소년원 수감자들과 동물원 관람을 하기 바란다"라고 부탁한다. 이때 부탁 방법은 두 가지다. 첫째는 처음부터 동물원 관람만 부탁한다. 둘째는 좀 더 무리한 부탁을 요구한다. "최소 2년간 일주일에 두 시간씩 소년원 수감자들의 카운슬러를 맡아주기 바란다"라는 부탁을 먼저 통보하는 것이다.

소년원 수감자들과 동물원을 관람하겠다고 대답한 비율은 첫 번째 그룹보다 '말도 안 되는 부탁'을 먼저 접한 두 번째 그룹에서 훨씬 높았다. 2년간 카운슬러를 맡느니 동물원에 같이 가는 편이 자신에게 유리하다고 생각했기 때문이다.

그렇다면 왜 이토록 단순해 보이는 수법이 통하는 걸까? 그 이유는 부담감 때문이다. 상대방은 당신이 제시한 첫 번째 부탁, 즉 '말도 안 되는 부탁'을 거절함으로써 심리적인 부담을 안게 되었다.

제 삼자의 입장에서는 당신의 '말도 안 되는 부탁'을 '거절'하는 것이 당연하다. 그러나 거절하는 본인은 다르다. 아무리 말도 안 되는 부탁일지라도 상대방의 요구를 거절했다는 데서 뭔가 꺼림칙한 것이 느껴진다.

이런 심리적인 압박이 있으므로 '말도 안 되는 부탁'에 이어 '무리한 부탁'을 요구받으면 쉽게 '노'라는 말이 나오지 않는다. 또 '무리한 부탁'이 앞서 '말도 안 되는 부탁'보다는 들어주기 쉬워 보이므로, 두 번씩 거절하느니 내가 해줄 수 있는 한도 내에서 상대방의 부탁을 들어줘야겠다는 생각이 드는 것이다.

상대방에게 심리적인 부담감을 안기는 이런 종류의 테크닉은 뭔가를 부탁할 때만이 아니라, 예를 들어 싸움하거나 교섭이 필요할 때도 사용할 수 있다.

싸움이나 교섭이 지리멸렬하게 진행될 때는 차라리 이쪽에서 먼저 잘못을 인정하거나, 일찌감치 사과해 버리는 편이 유리하다.

싸움이 벌어지고, 교섭이 제대로 진행되지 않는 이유는 양쪽 모두에게 불리한 점이 있다는 뜻이다. 즉, 나뿐만 아니라 상대방에게도 잘못이 있거나 원치 않는 조건이 있다. 이럴 때는 먼저 선수 쳐야 한다. 내가 먼저 미안하다고 말하거나 상대방보다 먼저 요구조건을 양보하면 상대방은 심리적으로 부담감에 시달린다. 자기도 뭔가 양보하거나 미안하다는 말을 해야 할 것 같다는 압박에 쫓기는 것이다.

좀처럼 'Yes'라고 하지 않는 사람을 설득하는 방법

심리학적으로 선거란 '입후보자가 유권자를 설득하는 상황'이다.

선거에 뛰어든 후보자들은 유권자를 설득하고자 갖가지 테크닉을 동원한다. 그리고 종반에 접어들면 마지막으로 '비장의 수법'을 내놓는다.

"정말 힘겹게 여기까지 왔습니다. 이번이 마지막입니다. 한 번만 도와주십시오"라고 자신의 어려운 처지를 호소하거나, 입후보자의 부인, 혹은 남편이 대중 앞에서 눈물을 흘리거나 때로는 길거리에 엎드려 행인들에게 절까지 하면서 필사적으로 지지를 호소한다.

이른바 '눈물전술'이다. 요즘 시대에 이런 구닥다리 방법이 무슨 효과가 있겠느냐고 생각할 수도 있지만, '눈물전술'은 심리학적으로 부족함이 없는 최고의 방법이다.

눈물은 이성이 아니라 감정에 호소하는 작전이다. 이때 감정이라는 말 대신 '양심'이라는 말을 써도 좋다. 인간의 심리 중에서도 양심은 자극에 쉽게 반응한다. 양심에 자극받은 사람은 그것이 불합리하다고 느끼면서도 설득되는 경우가 많다.

비즈니스에서도 이와 같은 전술이 유용하다. 최후의 수단으로 상대방의 양심에 호소하는 것이다.

예를 들어 "당신 말이 모두 옳습니다. 하지만 내 입장에서 한 번만 생각해 주십시오", "저도 좋아서 이런 말을 하는 건 아닙니다"라는 식으로 상대방의 양심, 혹은 동정심을 자극하는 행동을 계속 보여 주면 난공불락으로 여겨지던 상대방도 비교적 쉽게 설득될 수가 있다.

이에 대해서 미국의 어느 심리학자가 흥미로운 실험을 전개했다.

실험 내용은 학생들을 거리에 세운 다음 행인들에게 돈을 달라고 요구하는 것이었다. 무대는 뉴욕의 맨해튼, 행인에게 하는 말은,

(1) "10센트만 주십시오."

(2) "돈을 잃어버렸습니다. 10센트만 주십시오."

(3) "전화를 걸고 싶은데 10센트만 주십시오."

(4) "지갑을 도둑맞았습니다. 10센트만 주십시오."

이상 네 가지였다.

(1) "10센트만 주십시오."라고 부탁했을 때 34%의 행인이 돈을 건넸다. (2) "돈을 잃어버렸습니다. 10센트만 주십시오."라고 부탁했을 때 38%, (3) "전화를 걸고 싶어서"라고 부탁했을 때 64%, (4) "지갑을 도둑맞았습니다."라고 동정심에 호소했을 때는 무려 72%였다.

실험 결과에서 알 수 있듯이 인간은 양심, 또는 동정심에 호소 당하면 보통은 'No'라고 대답해야 하는 상황에서도 'Yes'라고 대답한다. 평소에는 노숙자나, 거지에게도 땡전 한 푼 던져 주지 않던 사람도 멀쩡하게 생

긴 대학생이 "지갑을 도둑맞았습니다. 10센트만 주십시오."라고 말하면 자기도 모르게 동정심이 움직여 지갑을 꺼내게 된다.

어떤 설득에도 'Yes'라는 말을 하지 않는 상대방이라면 최후의 수단으로 양심에 호소해 봐야 한다. 그 전에 상대방의 성격을 잘 파악해야 한다. 상대방이 비양심적이거나, 성격 자체가 비뚤어진 타입이라면 오히려 역효과를 염려해야 하기 때문이다.

비 오는 날과
화창한 날을
구분하라

유능한 플레이보이는 비가 올 것처럼 흐린 날에는 되도록 데이트 약속을 하지 않는다고 한다. 비가 오면 여성의 구두가 비에 젖어 더러워진다. 어쩔 수 없이 데이트할 때 신으려고 준비한 신발을 포기하고 다른 신발을 신는다. 신발에 맞춰 코디한 옷도 포기해야 한다. 예상치 못한 상황 때문에 데이트 시간에 늦어지고, 결국 여자는 데이트를 다른 날로 미룬다.

신발이라는 시점에서 여성의 심리를 말한 것인데, 신발이 더러워지는 것을 걱정하는 여성에게만 국한된 얘기가 아니라 일반적으로 사람들과 만남을 약속할 때는 비가 오는 날보다 화창한 날이 좋다. 특히 부탁할 게 있을 때는 더욱 그렇다.

미국의 커닝햄이라는 심리학자가 다음과 같은 실험을 했다. 날씨에 따라 사람들에게 뭔가를 부탁하는 것이다. 그 결과 화창한 날씨였을 때 승낙 확률이 가장 높았다. 계절별로 나누자면 여름에는 기압이 오를 때와 바람이 불 때, 겨울에는 기온이 높은 날에 승낙 확률이 높았다고 한다.

그렇다면 비가 오는 날엔 무조건 약속을 취소해야 하는 걸까? 꼭 그렇지만은 않다. 비가 오는 날이 최적의 조건인 경우도 있다. 대신 이때는 밖에서 약속을 잡을 게 아니라 상대방의 집, 혹은 직장을 직접 방문해야 한다.

누구든지 비가 오는 날이면 외출을 꺼린다. 만약 비가 오고 있음에도 누군가가 날 찾아온다면 왠지 모르게 부담스럽다. 비가 오는 날 손님이라도 오면 그 사람의 방문이 반갑지 않더라도 "이렇게 비가 많이 오는데, 힘드셨죠?"라든가, "이런 날 오시게 해서 죄송합니다"라고 변명 조로 말하게 된다. 변명은 상대방에게 부담을 느꼈다는 증거다. 따라서 상대방이 부담을 느끼고 있을 때 뭔가를 부탁하면 그만큼 성공 확률이 상승한다.

또 비가 올 때 방문하면 상대방은 "이 문제가 이렇게 중요한 용건이었나?"라는 생각도 해보게 된다. 그런 심리를 이용해 일부러 비가 오는 날을 선택하면 예상외의 성과를 거둘 수 있다. 평소라면 당연히 거절당했어야 할 부탁도 쉽게 거절하지 못하는 것이다.

돈을 빌릴
때의 포인트

예를 들어 어떤 사람에게 돈을 빌릴 때 '왜 지금 돈이 필요한지', '내가 얼마나 난처한 지경에 이르렀는지' 등을 잡다하게 설명하려는 사람이 많다. 개중에는 '경마를 하다 생활비까지 다 날렸다' 라는 어이없는 상황도 있겠지만, 아무리 그렇더라도 돈을 빌릴 때는 이유를 말하는 것이 더 좋다. 이유 여하를 불문하고, 인간은 상대방으로부터 이유를 들었을 때 그만큼 부탁을 들어줄 확률이 높아진다.

미국에서 다음과 같은 실험이 시행되었다.

도서관에서 복사기를 사용할 차례를 기다리는 학생에게 다가가 "미안합니다. 먼저 복사기 좀 사용할 수 없을까요?" 라고 부탁한다. 이때 "좀 급한 일이 있어서 그런데 먼저 복사기 좀 사용해도 될까요?" 라고 부탁하면 94%의 학생이 승낙했다. 한편 이유를 말하지 않고 "먼저 복사 좀 할 수 있을까요?" 라고 말한 경우, 승낙률은 60%에 그쳤다. '급하다' 라고 말은 했지만, 복사기 앞에 서 있는 학생 중 급하지 않은 학생은 없다. 이런 것도 이유가 되느냐고 생각하는 사람이 있겠지만, 실제로 94%의 학생들이 이유 같지도 않은 이유를 듣고 자신의 순서를 양보했다.

좀 더 재미있는 현상은 "미안합니다. 다섯 페이지만 복사하면 되는데 먼저 복사할 수 없을까요?"라고 부탁했을 때의 반응이다. '다섯 페이지만'이라는 말은 분량에 대한 설명일 뿐, 먼저 복사해야 할 이유로는 생각되지 않는다. 의미적으로는 "복사하고 싶다. 먼저 복사하게 양보해 달라"라고 말한 것과 똑같다. 그런데도 학생들의 승낙률은 94%에 이르렀다. '급하다'라는 이유를 둘러댔을 때와 같은 수치가 나타난 것이다.

이 실험으로 "사람은 뭔가를 부탁받았을 때 그 내용을 천천히 생각한 다음 결정하지는 않는다."라는 결론을 얻었다. 단순히 '먼저 쓰고 싶다'는 부탁은 쉽게 거절하지만, 사소한 이유라도 덧붙여지면 그 이유의 타당성에 대해서는 깊게 생각해 보지도 않고 무의식적으로 수긍하는 것이다.

따라서 뭔가를 부탁할 때는 어떤 이유든 말하는 편이 유리하다. 처음부터 상대방이 들어줄 만한 부탁을 하는 것이 최선이겠지만, 그렇지 않더라도 뭔가 이유를 말하면 승낙할 가능성이 상대적으로 올라간다.

부정적인 사람에게
신뢰감을
심어 주는 비법

세상에는 부정적인 사람들이 꽤 많다. 플러스 정보와 득이 되는 정보를 아무리 많이 제공해도 여간해선 의심을 풀지 않는다. 이런 사람에게서 신용을 얻기란 쉬운 일이 아니다. 비위를 맞추는 것도 힘들다. 이런 사람과 거래할 때는 차라리 마이너스 정보를 활용하는 게 더 낫다. 플러스 정보만 제공하는 것이 아니라 일부러 마이너스 정보를 섞어서 설득하는 것이다.

생선 장수들은 "이 생선은 오늘 아침에 들어왔습니다. 아주 싱싱합니다."라고 플러스 정보만 말하는 것이 보통이다. 하지만 부정적인 사람에겐 아무런 소용없다. 이런 사람에겐 마이너스 정보가 더 큰 효과를 발휘한다.

"이 생선은 오늘 받았습니다. 하지만 배에서 옮긴 지 며칠 지났습니다. 그래도 낚시로 직접 잡은 것이라 아직은 회로 먹을 수 있을 만큼 싱싱합니다."

부정적인 사람은 두 번째 장사꾼에게서 생선을 살 확률이 높다. 부정적인 사람은 생선 장수가 제공한 마이너스 정보 때문에 그가 다른 장사꾼보다 정직하다고 생각한다. 그리고 '아직은 회로 먹을 수 있을 만큼 싱싱합니다'라는 말을 믿게 된다.

인간은 정도의 차이가 있을 뿐 누구나 부정적이다. 성격에 따라서는 플러스 정보에 반감을 느끼는 경우도 있다.

"이상하다. 이야기가 너무 좋다. 뭔가 속이는 게 아닐까?"라는 어딘지 모르게 마음이 꺼림칙해지는 것이다.

하지만 이럴 때 상대방으로부터 마이너스 정보를 받으면 모든 의문이 해소된다. 그리고 마이너스 정보를 숨기지 않은 상대방을 전적으로 신뢰하게 되는 것이다.

마이너스 정보를 통해 신용을 얻을 수 있다는 것은 실험을 통해서도 이미 증명된 바 있다.

실험에 앞서 학생들에게 아무런 정보도 주지 않고 '일반교양이 필요한가?'라는 앙케트 조사를 했다. 그리고 며칠 후 다시 똑같은 질문의 앙케트지를 나눠줬다. 이때 A그룹에는 "일반교양은 폭넓은 인간 형성과 원만한 인격을 형성하는 데 중요하다."라는 플러스 정보를 제공했다. 한편 B그룹에는 "일반교양이 반드시 전문교육에 도움을 주는 것은 아니다. 그러나 일반교양은 폭넓은 인간 형성과 원만한 인격을 형성하는 데 중요하다"라는 마이너스 정보가 포함된 정보를 제공했다.

그 결과 두 번째 앙케트에서는 마이너스 정보가 포함된 정보를 받은 B그룹 학생들의 인식이 더 좋아졌다. 마이너스 정보가 학생들을 설득한 셈이다.

이처럼 마이너스 정보를 효과적으로 사용하면 상대방을 설득하는 데 큰 도움이 된다.

특히 상대방이 당신을 불신하고 있을 때, 그 불신감을 해소하겠다는 생각이 앞서 플러스 정보만 제공했다간 '무조건 좋은 소리만 한다. 믿지 못할 인간이다' 라는 평가를 받게 될지도 모른다.

그럴 때일수록 "당신이 저를 믿지 못하는 것도 무리는 아닙니다"라고 한발 물러선 다음 마이너스 정보부터 제공한다. 그 후에 다시 "하지만…" 하고 마이너스 정보에 상반되는 플러스 정보를 제공하면 상대방의 불신감은 쉽게 무마될 수 있다.

난관에 부딪힌 교섭을 해결하는 비법

학창 시절 수학 문제집을 풀다 보면 모르는 문제가 종종 있다. 그 문제를 풀기 위해 몇 시간씩 책상 앞에 앉아 있어도 해답은 나오지 않는다. 이럴 때는 무리하게 그 문제를 풀려고 하기보다는 전에 풀었던 문제로 되돌아가는 편이 좋다. 다시 한번 기본을 생각한 후 재도전하는 것이다.

교섭 또한 수학 문제와 크게 다르지 않다.

비즈니스든, 국가 간의 외교든, 교섭이란 양측의 합의사항을 하나씩 쌓아가는 과정이다. 그런데 어떤 단계에 이르면 쌍방은 절대로 양보할 수 없는 난관에 접하곤 한다.

이런 문제는 몇 달이 걸려 논의해도 결말이 쉽게 나지 않는다. 서로 양보할 생각이 없기 때문이다. 무리하게 일정을 조절했다간 최악의 경우 교섭이 결렬되기도 한다.

교섭의 명수로 불리는 사람들은 이런 상황과 맞닥뜨렸을 때 문제 해결에만 집착하지 않는다. 반대로 그동안 합의점에 이르렀던 내용을 하나씩 되짚어 본다. 상대방에게 '우리가 이만큼 합의했으므로 이 문제 또한 곧 합의점을 찾게 될 것이다'라고 은연중에 인식시키기 위해서다. 상대방 또한 합의점들을 되돌아보면서 이 문제 하나 때문에 교섭을 중단할 수는 없다는, 일종의 커트라인을 긋게 된다.

이런 교섭술은 무엇이든 확대 해석하려는 인간의 심리를 이용한 것이다. 대립하는 사항이 있더라도 작은 일치점을 몇 가지 제시하면 인간은 대립점보다 일치점에 더 집착하게 된다. 그와 나는 일치점이 있으므로 대립점이 있더라도 일치하는 부분까지 무(無)로 돌릴 수는 없다고 생각하는 것이다. 즉, 교섭의 명수는 상대측과 작은 일치점을 과대 포장해 '이까짓 대립점 때문에 우리의 관계가 무너져서는 안 된다'라고 심리적 압박을 가하는 것이다.

예를 들어 상대방과 합의해야 할 사안이 열 개라고 가정했을 때, 우선 사소하다고 생각되는 사안들부터 해결한다. 그 후에 "우리는 열 가지 중 벌써 이만큼 합의에 이르렀습니다. 나머지 부분들에 대해서도 조속히 합의할 수 있을 것입니다"라고 강조하면 상대방은 지금까지 합의한 내용을 확대하여 해석하게 되어 정작 중요한 사안들에 대해서는 그리 대단치 않다고 착각하게 된다.

또는 "큰 틀에 대해서는 이미 합의가 이루어졌다고 생각됩니다"라는 식으로 미해결 사안을 될 수 있는 대로 축소하는 것도 좋은 방법이다.

이와 같은 착각 심리는 어린아이들에게서 쉽게 발견된다.

아이들은 생일이 같은 달이라는 이유로, 집에 돌아가는 길이 같다는 이유로 아무렇지 않게 친구가 된다. 그 아이와 나 사이의 작은 일치점을 발견하면 이를 확대 해석하여 친구가 되는 것이다. 이것은 인간의 본능이다. 어른이 된 후에도 이런 심리가 남아 있다.

이와 같은 확대 해석의 심리를 유용하게 활용하려면 교섭의 난관이 될 것 같은 문제는 나중으로 미루고 손쉬운 사안부터 해결해 나가는 것이 우선이다. 마지막 난관은 지금까지 합의한 일치점을 강조함으로써 쉽게 돌파될 것이다.

경계심을 풀고
상품을 사게
만드는 지혜

'싼 건 나쁘다', '싼 게 비지떡' 이라는 말이 있듯이, 값싼 상품에는 신뢰가 안 간다. 어쩐지 수상쩍다. 이왕 같은 물건이라면 싼 게 좋다고 생각하면서도 정작 싸게 파는 물건 앞에서는 선뜻 손이 가지 않는다. 특별한 이유도 없는 데 필요 이상으로 값이 싸다는 것은 뭔가를 숨기고 있다는 뜻으로 생각된다. 자기도 모르게 경계심을 품게 된다.

이와 같은 심리는 실험에 의해서도 밝혀진 적이 있다.

미국의 어느 슈퍼마켓 입구에 '○○브랜드 식빵(한 봉지에 25센트)을 사면 카운터에서 35센트짜리 선물 증정' 이라는 플래카드를 걸어 놓았다. 25센트짜리 식빵을 사면 자그마치 10센트가 득이 된다는 계산이다. 하지만 결과적으로 ○○브랜드 식빵을 사는 사람은 거의 없었다. 오히려 평소보다 매출이 더 떨어졌다.

가격보다 더 비싼 선물을 증정한다는 것은 상식적으로 이해가 안 되는 판매 전략이다. 자연히 고객은 '뭔가 수상하다' 라고 불신감을 당연히 품어야 한다. '이상한 게 섞였을지도 모른다', '나중에 골치 아픈 일이 터질지도 모른다' 라고 상상하게 되는 것이다.

'좋은 조건에는 함정이 있다' 라는 사람들의 인식 때문에 ○○빵은 사람들로부터 버림받았다. 이득이 되는 정보를 지나치게 강조하는 것은 강조하지 않는 것만 못한 결과로 이어질 수 있다.

"이 물건을 사면 이런 이득이 있습니다."라고 강조했을 때 소비자는 "이렇게 좋은 조건에도 사시 않는다면 바보다."라는 말을 들은 것과 비슷한 감정에 휩싸인다. 자신의 의지와 상관없이 상대방에게 강요당하는 기분이 느껴지는 것이다. 인간은 '반드시 그렇게 해야 한다' 라는 압력이 느껴지면 자신의 자유가 침해당했다고 생각한다. 자유를 회복하고자 손해 보는 행동을 취하게 된다.

상대방이 선의에서 플러스 정보를 제공했다고 해도 구매자가 자유의 침해로 느꼈다면 더 이상 할 말이 없다. 인간에겐 구속에 반발하는 심리가 있다. 그와 같은 심리를 자극해서는 안 된다.

소비자에게 너무 좋은 조건을 제시할 경우 예상과 달리 마이너스 결과가 얻어지는 것은 그 때문이다. 소비자들이 합리적으로 이해할 수 있는 범위, 즉 '적당한 선' 에서 플러스 정보를 제공하는 것이 제일 안전하다.

3장

타인의 압력을
가볍게
피하는 방법

- 대립관계에 있는 상대도 두렵지 않다

자주 흥분하는
사람을
다루는 방법

부부싸움을 '칼로 물 베기'라고 한다. 그러나 아내가 '날뛰는 상태'로 돌변하면 남편으로서는 더 이상 견디지 못한다. 최근에는 남편을 마구 때리는 아내도 있고, 접시 등을 던지는 경우도 있다고 한다. 당황한 남편이 '좀 냉정하게 생각하자'라고 말하면 아내는 미친 듯이 화를 내며 소리 지르기 일쑤다.

간혹 눈치도 없이 아내에게 왜 화를 내느냐고 따지는 어리석은 남편도 있다.

"왜 갑자기 화를 내는 거야? 돈을 적게 갖다 줘서 그러는 거야? 아이들 때문이야?"라는 식으로 부부싸움의 원인을 캐내려고 들면 아내는 걷잡을 수 없는 상태가 된다.

이는 '흥분한' 아내에게만 국한된 이야기가 아니다. 흥분한 사람 앞에서 그 이유를 따지는 것은 불난 집에 휘발유를 끼얹는 것과 같다.

흥분의 원인은 대부분 별것 아니다. 남편이 조금 늦게 집에 들어왔거나 낮에 옆집 여자와 말싸움을 했다는 식이다. 다만 한 번 흥분하면 옳고 그름을 분별하지 못한다. 따라서 상대방이 흥분했을 때는 흥분이 가라앉을 때까지 기다리는 것이 상책이다.

흥분한 상대방에게 왜 흥분했느냐고 묻는 것은 울고 싶은 아이를 때려 주는 것과 똑같은 효과다. 이럴 때는 상대방의 감정에 동조하는 게 최선이다.

아내는 지금 화를 내고 싶은 것이다. 감정을 토해 내고 싶은 것이다. 그 감정만 토해 내면 다시 원래대로 돌아올 것이다. 남편은 그저 "그래서 화가 난 거야?", "알았어, 앞으로 조심할게. 내가 잘못한 게 맞아." 하고 말하면서 아내의 감정에 동조하는 것이 지름길이다.

이렇게 동조해 주면 상대방은 생각나는 대로 마구 떠들 것이다. 큰 소리로 울면서 아우성치더라도 생각나는 것을 모조리 말해 버리면 나중에는 할 말이 없어지고, 그때쯤엔 흥분도 가라앉는다. 요점은 흥분한 상대방의 감정을 고스란히 받아 줘야 한다는 점이다. 상대방이 당신 앞에서 흥분하는 이유는 자신의 감정을 받아 달라는 뜻이다. 이런 경우 거창한 심리학 이론을 들먹일 필요도 없다. 상대방이 원하는 대로 해 주면 그만이다.

이런 자세는 카운슬러들에겐 기본적인 상식으로 통한다.

물론 그중에는 심각한 고민을 안고 있는 사람도 있다. 하지만 그 원인을 세밀히 찾아본다고 하더라도 간단히 해결되지 않는 경우가 많다. 아니, 본질적인 원인을 찾음으로써 문제가 더욱 심각해지고, 상대방을 궁지에 몰아넣게 될지도 모른다.

외롭다, 슬프다, 화가 난다…. 심각한 고민을 안고 있는 사람들일수록 마이너스 감정에 사로잡혀 있다. 그때는 마이너스 감정의 원인을 찾을 게 아니라 그 감정을 쏟아 내도록 유도해야 한다.

적대 관계에 있는
사람과
화해하는 기술

어린이들이 좋아하는 액션 애니메이션에는 늘 같은 패턴이 등장한다. 주인공인 영웅에겐 언제나 라이벌이 있다. 주인공은 천신만고 끝에 이 라이벌을 쓰러뜨린다.

이것으로 끝인가 하면 라이벌과는 비교할 수도 없는 강적이 나타난다. 이 강적을 쓰러뜨리기 위해 주인공과 라이벌은 어느새 한편이 되고, 마침내 새로운 적을 쓰러뜨린다.

어른들 눈으로는 아이들이나 좋아하는 만화 얘기 같지만, 사실 이런 스토리야말로 인간 심리의 급소라고 할 수 있다.

자신과 적대 관계에 있는 인물일지라도 '공통의 적'이 나타나면 상황이 달라진다. 두 사람이 '공통의 적'을 위험으로 인식하는 한, 과거의 적이 내 편이 되어 줄 가능성이 높다.

이와 같은 인간관계의 불가사의는 '균형 이론(Balance theory)'으로 설명이 가능하다.

'균형 이론'에서는 세 사람이 인간관계를 맺고 있을 때, 눈에 보이지 않는 일정한 균형이 작용한다고 주장한다.

인간의 감정을 '좋아한다'라는 플러스 감정과 '싫어한다'라는 마이너스 감정으로 나눴을 때, 세 사람의 감정을 곱하면 대체로 플러스가 된다는 식이다.

예를 들어 A가 B와 C를 좋아한다고 가정하면 B와 C의 관계는 어떻게 될까? A와 B, A와 C 사이에 플러스 관계가 맺어져 있으므로 둘을 곱하면 플러스가 된다. 만약 B와 C의 관계가 플러스가 아니라면 세 사람의 관계를 곱한 값은 마이너스다. 이렇게 되면 균형이 무너진다. 따라서 B와 C도 플러스 관계를 맺을 수밖에 없다.

그렇다면 A와 B가 적대 관계이고, 두 사람 앞에 공통의 적이 나타났을 때는 어떻게 될까?

A와 적, B와 적의 관계는 마이너스다. 이 둘을 곱하면 플러스가 된다. 이때 A와 B의 관계를 곱한 값이 플러스가 되지 않으면 균형이 무너진다. 따라서 A와 B의 관계는 어쩔 수 없이 플러스가 된다. A와 B가 적대 관계였을지라도 함께 싸워야 할 제3의 존재 때문에 마이너스에서 플러스로 전환하는 것이다.

이와 같은 '균형 이론'을 적절히 활용한다면 적대 관계에 있는 인물과도 쉽게 관계를 회복할 수 있다. 어딘가에서 '공통의 적'을 발견하기만 하면 최소한 이 적을 쓰러뜨릴 때까지는 우호 관계를 맺을 수 있다.

전국시대 같은 혼란기를 살펴보면 이와 같은 '균형 이론'을 더욱 쉽게 찾아볼 수 있다.

싫은 사람과
좋은 관계를
맺는 기술

특별한 이유는 없지만 어쩐지 마음에 들지 않는 사람이 있다. 말하자면 이유도 없이 그가 싫다. 그런데 마침 사소한 시비로 다투게 되었다. 서로 싸우는 동안 왠지 모르게 싱겁다는 생각이 들었고, 두 사람 모두 크게 웃는다. 그 뒤 두 사람은 절친한 친구가 되었다….

청춘 드라마에서 흔히 볼 수 있는 패턴이다. 이와 같은 관계의 변화는 심리학적으로도 수긍되는 점이 많다.

상대방이 강하게 나오면 이쪽도 지지 않고 강하게 나간다. 그러나 상대방이 협조적으로 나오면 이쪽도 협조적으로 나온다. 이런 줄다리기가 되풀이되는 동안 까닭 없이 미웠던 상대가 어느새 우호적인 친구처럼 느껴진다.

이것은 'Tit for tat' 작전이라고 부른다. 'Tit for tat' 이란 갚는다는 뜻이다. 요컨대 당한 만큼 이쪽에서도 갚아 준다는 뜻인데, 심리학에서는 상대방의 협조적인 태도에는 협조적인 태도로 응한다는 것과 같은 의미로도 사용된다. 다시 말해 상대방이 어떻게 나오느냐에 따라 자신의 행동을 결정하는 방법이다.

이와 같은 기술은, 특히 대립 관계에 있는 상대방과의 업무에서 효과가 크다. 예를 들어 업무적으로 만난 파트너가 고압적으로 나왔을 때 이쪽에서 비굴하게 나가면 상대방은 나를 깔보게 된다. 이런 관계가 지속하면 상대방의 태도는 점차 안하무인이다. 인간은 상대방이 나보다 약하다고 생각되면 협조하기보다는 오히려 위협하려고 든다. 끝까지 자신이 주도권을 행사하기 위해서다. 이런 상황이 지속하면 당연히 관계가 나빠진다. 결국, 두 사람은 최악의 국면에 다다른다.

상대방이 고압적으로 나왔을 때 이쪽에서도 고압적으로 나가면 상대방의 기세가 주춤거린다. 억지도 부리지 못하고, 우습게 여기지도 못한다. 당연히 상식적인 관계를 구축하려고 노력한다.

물론 무조건 강하게만 나아가라는 뜻은 아니다.

상대방이 호의를 베풀었을 때 여전히 고압적인 태도를 보이거나, 무시하거나, 반발하면 상대방과의 관계는 회복되지 않는다. 상대방이 인사를 하고, 사과했음에도 무시한다면 영원히 우호 관계는 맺어지지 않는다.

따라서 상대방이 마음에 들지 않더라도 상대방이 협조적인 태도를 보인다면 나 역시 협조적으로 대응해야 한다. 서로 마음의 앙금은 남아 있을지언정 업무상 호흡을 맞추는 것은 어렵지 않다.

마음에 들지 않는 사람과 잘 지내기 위해서는 우선 내가 저 사람보다 약하다는 생각을 버려야 한다. 그리고 언제든 당신과의 관계를 회복할 준비가 되어 있다는 유연성을 보여 주는 것이 중요하다.

유도에서는 '상대가 밀면 물러나라' 라고 가르치지만, 이 작전에서는

'상대가 밀면 나도 민다', '상대가 물러나면 나도 물러난다' 라는 자세를
유지해야 한다.

불평불만이 많은 사람을
내 편으로 만드는 방법

일이 바빠서 그녀와의 데이트를 여러 번 어겼다. 그러자 어느 날 밤 그녀로부터 전화가 왔다.

"나하고 일하는 것하고 어느 쪽이 더 중요하다는 거야?"

당신은 뭐라고 대답할 것인가.

이때 쓸데없이 변명을 늘어놓는 것은 스스로 무덤을 파는 짓이다. "물론 너도 중요하지만, 나한테는 일도 중요해…."라고 말했다간 화가 머리끝까지 난 그녀와 헤어질 각오를 해야 한다.

상황이 이렇게 되었다면 그녀의 마음이 진정될 때까지 차분히 이야기를 들어주자. 데이트 약속을 잡고도 몇 번씩 바람을 맞았으니 얼마나 화가 났겠는가. 그녀가 데이트 시간에 늦지 않으려고 얼마나 열심히 일했는지 등을 조용히 들어주는 것이다.

중간에 그녀가 오해하는 부분이 있다는 것을 알게 되더라도 꾹 참아야 한다.

잠자코 들어주기만 하는 것은 화가 잔뜩 난 상대방에 대한 가장 효과적인 대처법이다. 그러기 위해서는 어떤 상황에서도 변명하면 안 된다. 시간이 지나면 상대방은 화가 누그러질 것이고, 더 이상 속사포처럼 쏘아붙이지도 않을 것이다.

왜냐하면, 자신의 감정을 퍼붓는 것만으로도 적지 않은 불만이 해소되기 때문이다. 다른 사람에게 무슨 말인가를 하려면 일단 머릿속부터 정리해야 한다. 그래야만 자기가 하고 싶은 말을 조리 있게 할 수 있기 때문이다. 감정에 치우쳐 화를 내다가도 상대방이 하고 싶은 말을 모두 해보라고 나오면 무슨 말부터 해야 할지 생각하게 된다. 자연히 이성적으로 변하는 것이다.

이와 같은 과정을 심리학에서는 '통찰'이라고 부른다. 흥분한 사람이 자신을 '통찰'함으로써 이렇게까지 흥분할 일이 아니었음을 깨닫게 된다는 의미다.

"당신이 먼저 잘못했지만 나도 지나치게 화를 냈던 것 같아. 미안해." 라고 말할 수 있게 되는 것이다.

또 마음속에 품고 있던 불만을 모조리 표출함으로써 '마음이 산뜻해지는' 효용도 기대할 수 있다. 화가 나는 대로 이야기하다 보면 스트레스가 풀린다. 스트레스가 풀리면 더 이상 흥분할 이유도 없어진다. 자기도 모르게 흥분이 가라앉는다. 이를 '정화작용'이라고 한다.

또 한 가지, '내 이야기를 잠자코 들어준' 상대방에게 고마운 마음이 든다. 저렇게 나를 생각해 주는 사람에게 너무 화를 낸 것 같아 미안하고, 앞으로는 그 사람을 더 이해해 줘야겠다고 마음먹는다. 한마디로 사랑싸움 덕택에 사랑이 더 깊어질 수도 있다.

이와 같은 상황은 연인 사이의 사랑싸움에만 한정된 이야기가 아니다. 비즈니스에서도 얼마든지 발생할 수 있다. 고객과의 갈등은 연인과의 사랑싸움과 그 형태가 매우 비슷하다.

잘못이 내게 있지 않더라도 고객이 불만을 품고 있다면 우선 들어준다. 들어주는 행위만으로도 상대방의 화가 풀리고, 나에 대한 호감도 높아진다.

만약 할 말이 있을 때는 상대방이 완전히 흥분을 가라앉혔을 때 차분히 설명해 주도록 한다.

감정적인
사람을
설득하는 방법

요즘 주부나 젊은이들은 휴대전화를 붙잡고 산다 해도 과언이 아니다. 직장인들도 대부분의 용건을 휴대전화로 끝내는 사람이 적지 않다.

'우리 때만 해도 무조건 만나서 이야기했다. 전화 한 통화면 다 된다는 젊은이들이 너무 많다' 라면서 얼굴을 찡그리는 사람도 꽤 있는데, 전화로도 나름의 장점이 많다.

확실히 통화만으로는 구체적인 감정을 전달하기 어렵다. 하지만 쉽게 감정적으로 돌변하는 상대라면 직접 만나는 것보다 통화로 이야기를 풀어나가는 것이 유리하다.

이는 실험에 의해서도 밝혀진 사실이다. 어떤 주제에 대한 의견이 다른 학생들을 두 그룹으로 나눴다. A그룹은 전화를 통해 합의점을 찾도록 했고, B그룹은 얼굴을 맞대고 토론하도록 조처했다.

그 결과 A그룹이 B그룹보다 더 이른 시간에 의견일치를 보았다. 전화 통화가 의견이 다른 두 사람의 논점을 합일하는 데 상당한 도움을 준 것이다.

반대로 직접 대면한 가운데 토론한 B그룹은 서로의 감정이 격화되어 의견일치에 도달하지 못했다.

이밖에도 전화 통화로 의견일치에 도달한 A그룹은 상대방에 대한 평가에서 '성실하고 이성적이었다' 라는 내용이 다수였다. 전화 통화는 상대방의 감정에 치우치지 않기 때문에 이성적으로 이야기할 수 있다. 따라서 상대방의 평가도 상승한다. 한마디로 상대방의 얼굴을 보지 못했기 때문이다.

직접 만나서 이야기할 경우, 어쩔 수 없이 상대방의 안색과 분위기에 휩쓸리게 된다. 정신이 분산되면서 논점에 접근하지 못한다. 반면에 전화 통화는 상대방의 목소리에만 집중하면 된다. 즉, 논점에 접근하기가 수월하다. 서로 간에 냉정한 합의가 가능하다는 뜻이다. 의견일치도 수월해진다. 서로에 대한 평가도 후해질 수밖에 없다.

'직접 얼굴을 맞대고 이야기하는' 의사소통이 모든 상황에 적절한 수단은 아니다. 의견일치가 절실하게 요구될 때, 특히나 상대방이 감정적인 인물일 때 통화는 최고의 방법이 될 수 있다.

회사마다 고객의 상담 전화를 지혜롭게 대응하는 직원들이 있다. 이들의 공통점은 고객의 불만 사항을 들어줌으로써 고객의 분노를 누그러뜨린다는 점이다. 그들은 아무리 화가 난 고객도 이쪽에서 감정적으로 나가지 않는 한, 분노가 오랫동안 지속하지 않는다는 것을 경험적으로 알고 있다. 고객이 흥분할수록 냉정하게 대응하다 보면 고객이 먼저 분노의 화살을 거둔다.

개인 간의 교제에서도, 특히 데이트 도중 다툰 커플들도 시간이 지난 후 전화로 화해하는 경우가 많다. 이 또한 전화의 효용이라고 할 수 있다.

직접 얼굴을 맞대고 이야기를 나눌 때 상대방이 마구 화를 내면 당하는 사람은 어쩔 수 없이 움츠러들게 된다. 그런 상황이 걱정될 때는 전화로 상대방을 설득하는 편이 훨씬 좋다. 전화는 때에 따라서는 유력한 설득 무기가 된다.

나를 싫어하는
상대방을
설득하기

비즈니스가 어려운 이유는 인간적으로 사이가 안 좋은 사람과도 거래해야 하기 때문이다. 내 쪽에서 상대방을 거북해 하는 것이라면 그나마 견딜 만하다. 상대방이 나를 싫어한다면… 그런 사람도 상대해야 하는 것이 비즈니스맨의 숙명이다.

만약 상사로부터 나를 싫어하는 그 사람에게 찾아가 '이 안건을 승낙받고 오라' 라는 지시를 받았다면 어떻게 해야 할까.

그 사람이 나를 무시하거나, 그때처럼 불쾌한 표정을 지으면 어쩌나 하는 걱정이 앞선다. 그래도 '방법' 은 있다. 그가 나를 싫어한다는 점을 역이용하는 것이다.

우선은 되도록 많은 설득 자료를 확보해야 한다. 나에게 관한 것이라면 무조건 고개부터 가로젓는 그를 설득하기 위해서는 논리적 증명이 최선이다.

미국의 어느 대학에서 다음과 같은 실험을 했다. 학생들에게 '2년 후 현재의 2학기 제도에서 3학기 제도로 전환' 하겠다고 통보했을 때 과연 수긍할 것이냐는 실험이었다. 학생들의 입장에서 3학기 제도가 실시하면 시험과 리포트 제출이 늘어나기 때문에 당연히 반대할 수밖에 없다. 물론 3, 4학년은 2년 후엔 모두 졸업하므로 직접적인 '피해' 가 없다.

실험 전에 조사 대상을 두 그룹으로 나누었다. 첫 번째 그룹엔 상당한 설득 자료를 제공한 다음 학생들로부터 인기가 가장 없는 교수에게 설명을 맡겼고, 두 번째 그룹엔 특별한 설득 자료 없이 학생들로부터 인기가 가장 많은 교수에게 설득을 맡겼다.

실험 결과 3학기 제도와 직접적인 관련이 없는 3, 4학년과 관련이 있는 1, 2학년 사이에서 완전히 다른 결과가 나타났다.

3, 4학년의 경우 '인기가 많은 교수가 특별한 자료 없이 설득했을 때' 가장 많은 찬성표를 던졌다. 반대로 1, 2학년은 '싫어하는 교수로부터 많은 자료를 받았을 때' 가장 많은 찬성표를 던졌다.

이해관계가 없는 3, 4학년들에게 3학기 제도에 관한 설명 자체가 곤욕이다. 그런 얘기를 듣는 것 자체가 귀찮다. 따라서 나를 설득하겠다고 나선 사람이 마음에 들 경우, '당신이 그렇게 말한다면 그렇게 하죠' 라는 심정이 된다.

그렇다면 이해관계가 있는 1, 2학년은 어째서 싫어하는 교수에게 설득당하는 걸까?

나를 설득하겠다고 나선 사람이 내 마음에 들지 않을 경우, 나는 오직 내용만으로 판단하려고 한다.

다시 말해 설득하려는 사람이 인기가 없을 경우, 논리적으로 나갈수록 상대방을 더욱 쉽게 설득할 수 있다는 뜻이 된다.

비즈니스도 넓게 보면 인간관계의 일부다. 많은 기업들이 고객에게 어필할 수 있는 사람을 찾곤 하는데, 상대방과 이해관계가 교차하는 비즈니스에서는 고객에게 어필할 수 있는 인물이 나서더라도 효과를 기대하기 어렵다. 인간은 친분이나 인간적 호감이 높은 인물과 상대할 때 더욱 방어적이기 때문이다.

이럴 때는 고객이 싫어하는 타입의 관계자를 설득 역할로 내세우는 편이 더 좋은 결과를 기대할 수 있다.

이때 중요한 것은 논리적인 자료다. 고객, 또는 상대방을 충분히 설득할 수 있을 만큼의 자료가 반드시 요구된다. 이론적으로도 완벽히 무장하고 있어야 한다.

비즈니스 세계에서는 사람들이 좋아하지 않는 타입의 인물이 의외로 큰 성공을 거두곤 한다. 즉, '남들이 싫어하는 타입'이 성공하는 것이다. 그 이유는 아마도 위와 같은 방법으로 상대방을 설득했기 때문인지도 모르겠다.

반대 의견과
타협점을
찾는 방법

전쟁에서 승리하는 제일 나은 방법은 무엇일까? 한쪽이 초토화될 때까지 전면전을 펼치는 방법도 있겠으나, 가장 좋은 방법은 양국에 우호적인 나라의 조정을 받는 것이라고 한다. 다시 말해 전쟁의 상황이 우리에게 유리해졌을 때 우호국의 힘을 빌려 상대국과 휴전하는 것이다.

러일전쟁 당시 일본이 승리할 수 있었던 결정적인 이유는 미국 때문이었다. 당시 미국은 러시아보다 일본에 더 우호적이었다. 일본 정부는 이쯤에서 휴전해야겠다는 판단이 섰을 때 미국에 도움을 요청했고, 미국은 러시아를 설득해 휴전 협상 테이블에 앉혔다.

반대로 태평양전쟁 때는 일본의 입장을 대변해 주고 지지해 줄 제3국이 없었다. 일본 정부는 미국과의 전쟁을 어떻게든 중지시키려고 노력했지만 불가능했고, 결국 처참한 패배를 겪게 되었다.

이런 상황은 비즈니스나 개인적인 친분 사이에서도 쉽게 찾아볼 수 있다. 서로 대립하는 의견으로 얼굴이 붉어질 때까지 싸우다가도 두 사람 모두와 친분이 있는 제삼자가 나서서 절충안을 내놓으면 못 이기는 척 받아들이곤 한다.

나와 의견이 다른 사람을 설득하기는 쉽지 않다. 논리적으로 명확한 증거를 내밀어도 좀처럼 수긍하지 않는다. 이쪽에서 아무리 많이 양보해도 꿈쩍하지 않는다. 어떤 증거를 내밀어도 화를 낸다.

그러나 양측 모두와 관계를 맺고 있는 제삼자가 나타나면 이야기가 달라진다. 상대방은 나뿐 아니라 개인적으로 친분이 있는 제삼자와의 관계도 고려해야 한다. 무조건 반대만 할 수 없는 상황에 내몰린 것이다.

미국의 어느 심리학자가 고등학생을 대상으로 다음과 같은 실험을 했다.

먼저 고등학생을 두 그룹으로 나눠 강연을 듣게 한다. 강연 내용은 '10대 젊은이들의 운전면허 규제' 에 관한 것이다. 자동차 운전이 보편화되어 있는 미국의 고등학생이 도저히 받아들일 수 없는 내용이다. 당연히 반대가 극심하다.

실험자는 첫 번째 그룹엔 미리 내용을 알려주었다. 학생들이 강연 내용에만 주목하도록 하기 위해서였다.

두 번째 그룹에겐 강연 내용을 전혀 알려주지 않았다. 대신 강연자의 인품에 관해 설명해 주었다. 강연 내용보다는 강연자의 말솜씨나 태도 같은 외부적 요건에 집중하도록 하기 위해서였다.

강연이 끝난 후 학생들의 반응을 조사했다. 강연 내용에만 집중하도록 한 첫 번째 그룹에서는 약 20%의 학생들이 내용에 동의했다.

이에 비해 강연자의 외적 요건에 집중하도록 한두 번째 그룹에서는 40%가 넘는 학생들이 내용에 동의했다.

이 실험이 의미하는 것은 사전에 어느 정도 반감을 품은 상태에서 교섭 장소에 나왔을 경우, 웬만해선 타협점을 찾지 못한다는 점이다. 나와 생각이 다르다는 것을 알고 있는 상황에서는 누구든지 설득당하지 않으려고 몸을 사린다. 반대로 그 사람이 어떤 입장인지 모를 경우, 그 사람의 의견이 나와 다르더라도 그 의견을 받아들이기 쉬워진다.

그러므로 상대방의 반대가 예상될 때는 미리 양측에 중립적인 인물을 동석하는 게 현명한 방법이다. 상황에 따라서는 결렬될 사안도 깔끔하게 정리할 수 있다.

완고한 사람을
확실하게
설득하는 비법

아예 설득 자체를 거부하는 완고한 사람도 있다. 이런 사람에겐 설득의 고수들도 애를 먹는다. 설득자가 참을성 있게 대처하며 여유를 갖고 느긋한 자세로 교섭하는 것도 좋은 방법이긴 하나, 이보다 더 효과적인 방법이 있다.

여러 사람이 차례로 설득하는 것이다. 예를 들어 한 사람이 30분 동안 계속 설득하는 것보다 세 명이 10분씩 나눠서 설득하는 편이 완고한 상대방을 제압할 가능성이 더 높다.

어차피 완고한 사람인데 한 명이 설득하나 여러 명이 나서나 결과는 같은 것 아니냐고 생각될지도 모른다. 하지만 현실은 생각과 다르다.

인간 심리 중에는 여러 사람이 동참하는 행동이나 판단에 '동조' 하고 싶은 경향이 있다. 여러 사람이 번갈아 설득하면 아무리 완고한 사람이라도 흔들리게 마련이다. '동조' 에 대한 심리적 압박 때문이다.

이 '동조' 라는 인간 심리는 백화점이나 음식점의 긴 행렬을 보면 알 수 있다.

아이스크림을 파는 가게나 라면을 파는 식당 앞에 사람들이 길게 줄 서 있으면 왠지 모르게 궁금하고, 자기도 그 사람들과 함께 행동하고 싶어진다.

'사람들이 줄을 서 있다 → 많은 사람이 먹고 싶어 한다 → 나도 먹어야 할 것 같다' 라는 심리에 휩쓸려 자기도 모르게 사람들 틈에 섞여 차례를 기다린다. 그래서 어떤 식당은 일부러 아르바이트를 고용해 길게 줄을 세워놓기도 한다고 한다. 인간의 동조심리를 상업적으로 활용하기 위해서다.

인간의 동조심리를 파악하고자 어느 사회심리학자가 다음과 같은 실험을 했다.

실험은 간단했다. 뉴욕 번화가에 대학생 몇 명을 세워놓았다. 그리고 이들 학생에게 아무 이유 없이 고층빌딩을 올려다보게 했다. 고층빌딩을 올려다보는 학생 수에 따른 주위 반응을 살폈더니, 학생이 세 명일 경우 길을 지나가다가 학생들 곁에 서서 학생들처럼 빌딩을 올려다본 비율은 60%였다. 학생 수를 다섯 명으로 늘리자 통행인 중 똑같이 빌딩을 올려다본 비율은 80%에 이르렀다.

자신의 개성도 중요하지만, 인간에겐 타인과 함께 움직여야 한다는, 즉 단체에서 벗어나고 싶지 않다는 심리가 있다. 처음에는 너무 개성적이라는 평가를 받았던 패션 스타일이 몇 달 후면 세계적으로 유행하는 것도 이와 같은 동조심리가 작용했기 때문이다. 이웃집 아이가 학원에 다닌다는 이유로 우리 아이도 같은 학원에 보내는 것 역시 동조심리의 대표적인 현상이다.

웬만해선 이야기조차 들으려 하지 않는 완고한 사람의 마음속에도 남들과 같이 행동하고 싶다는 심리가 숨어 있다. 그 점을 파악한다면 설득도 그리 어려운 일은 아니다.

나를 상대해 주지 않는 사람을
협상 테이블로 끌어내는 기술

세상에는 '설득의 프로'로 불리는 사람들이 있다. 고속도로나 아파트 건설을 위해 토지를 매입하는 전문적인 토지 매입자들이 그들이다.

토지 매입자들이 설득해야 할 상대는 토지 소유자다. 토지에 대한 인간의 집착은 더 말할 것도 없다. 그런 상대방에게 '땅을 파십시오'라고 부탁해야 한다. 설득이 필요한 상황 중에서도 가장 어려운 과제다.

토지 매입자들이 처음 방문하면 대다수는 현관문조차 열어 주지 않는다. 아예 상대하지 않겠다는 속셈이다.

그렇다면 토지 매입자들은 어떤 방법으로 상대조차 해 주지 않는 토지 소유자들을 설득하는 것일까?

그들이 자주 활용하는 방법은 다음과 같다. 문전박대를 당하더라도 매일같이 찾아간다. 한 번이라도 좋으니 설명할 기회를 달라고 사정한다. 그러면 토지 소유자는 그 끈질김에 질려 일단 말할 기회를 준다.

토지 매입자들은 구체적으로 보상 내용과 권리 등을 설명한다. 그리고 1주일, 혹은 2주일간 연락도 하지 않고 찾아가지도 않는다. 차분히 생각할 기회를 주기 위해서다.

이렇게 냉각기를 가진 후 토지 매입자는 다시 그 집을 방문한다. 이때쯤이면 상대방의 태도는 180도 달라져 있다. 현관문도 열어 주지 않던 사람들이 스스로 조건을 제시하는 등 적극적으로 나온다. 상황이 이렇게 되면 남은 문제는 액수다. 서로 절충안을 찾는 것은 시간문제다.

이와 같은 설득기술을 '슬리핑(Sleeping) 효과'라고 한다. '슬리핑 효과'란 상대방을 설득한 후 어느 정도 시간을 두면 상대방이 먼저 설득에 응한다는 이론이다. 그 이유에 대해서는 다음과 같이 생각할 수 있다.

설득 자체를 거부하는 이유는 설득의 '내용'보다 설득하려는 '사람'을 불신하고 있기 때문이다. 토지 매입만 해도 그렇다. 토지 소유자 입장에서 보면 멀쩡한 내 땅을 하루아침에 빼앗기는 기분이다. 따라서 토지 매입자는 눈앞의 적에 불과하다.

그런데 따지고 보면 땅을 팔아도 그리 손해나는 것은 아니다. 다만 토지매입자에 대한 불신이 협상 자체를 불가능하게 만들었다. 이 점을 잘 알고 있는 토지 매입자는 상대방의 머릿속에서 자신에 대한 나쁜 이미지를 지우기 위해 냉각 기간을 갖는다. 즉 '슬리핑'이다. 잠에서 깨어난 토지 소유자들은 매입자들에 대한 불만을 잊고 토지 보상에 나서는 것이다.

증오와 분노, 부정 같은 마이너스 감정은 일단 강력해 보이지만, 인간은 천성적으로 이와 같은 마이너스 감정을 오랫동안 지니지 못한다. 냉각 기간을 효과적으로 사용한다면 마이너스 감정은 저절로 사라진다. 이것이 '슬리핑 효과'의 효용 가치다.

협상 테이블 자체를 거절하는 상대방에게 달려드는 것은 어리석은 짓이다. 상대방에게 정보를 충분히 전달한 다음 냉각기를 갖는다. 상대방이 제발로 테이블에 앉는 날이 반드시 찾아올 것이다.

4장

상대방 마음에
불을
지피는 방법

– 의욕이 없는 사람을 변신시키는 기술

얌전한 사람을
'악마'로 바꾼다

'칭찬'에는 사람을 움직이게 하는 힘이 있다. 스포츠 선수 중에도 감독이나 코치에게 칭찬받는 게 즐거워서 열심히 노력했고, 그 결과 좋은 성적을 얻게 되었다고 말하는 사람이 적지 않다. 직장에서도 사장에게 칭찬받고자 열심히 일하는 사원이 많다. 사람은 누구나 칭찬받기를 원한다. 칭찬은 일종의 욕망이다. 이 욕망은 무서우리만치 효과가 커서 그 사람에게 칭찬을 받을 수 있다면 물불을 가리지 않는 경우도 생긴다. 다시 말해 칭찬받고 싶다는 욕망을 위해서라면 어떤 일도 할 수 있다는 뜻이다.

어느 심리학자가 다음과 같은 실험을 했다. 첫 번째 그룹엔 교사 역을, 두 번째 그룹엔 학생 역을 부탁했다. 교사를 맡은 사람은 학생이 된 사람에게 문제를 낸다. 만약 학생이 문제를 맞히지 못했을 경우 전기쇼크라는 벌을 주도록 지시했다. 전기쇼크의 강도는 총 10단계였고, 교사에겐 강도를 선택할 권한이 주어졌다. 당연하겠지만 이런 실험에는 학생이 정답을 맞힐 수 없는 문제가 나온다. 이때 교사는 갈등하기 시작한다. 정답을 맞히지 못한 학생에게 전기쇼크를 가해야 하는데, 학생 역을 맡은 사람은 처음 보는 사람이다. 조심스레 가장 낮은 단계의 쇼크로 체벌한다. 만약 이와 같은 상황에서 실험자가 교사 역을 맡은 사람을 '칭찬' 하면 어떤 일이 벌어질까?

교사를 맡은 사람이 2단계 이상의 전기쇼크를 가할 때마다 실험자는 "잘했습니다", "좋습니다", "네, 아주 좋습니다. 다음엔 더 강한 거로 해 보세요"라고 칭찬했다. 그러자 교사를 맡은 사람은 조심성과 자제심을 잃고 점점 강한 단계의 전기쇼크로 체벌하기 시작했다.

사실 이 실험의 결과는 매우 섬뜩하다. 칭찬을 위해서라면 평소에는 불가능한 것도 할 수 있다는 결과였기 때문이다.

나치 독재하의 독일에서 여러 가지 비인간적인 범죄가 성행한 것도 대부분 히틀러의 칭찬을 원한 부하들이 의욕적으로 나섰기 때문이라고 한다. 칭찬은 보상의 범주에 포함되는데, 보상은 강제보다 인간의 행동을 더욱 증가시킨다. 무엇보다 선악의 판단을 흐리게 만든다. 보상은 선이기 때문에 보상이 가능한 그 일도 선하다는 등식이 성립되기 때문이다. '칭찬' 은 그를 내 마음대로 조종할 수 있는 강력한 무기다. 만약 누군가를 '칭찬' 할 일이 있다면 그만큼 주의해야 하고, 또 누군가 나를 의식적으로 '칭찬' 하는 것이 느껴진다면 그 의도에 대해 주의해야 할 것이다.

게으름뱅이를 '노력파'로 바꾸는 기술

학창 시절엔 새해나 신학기가 되면 '올해의 목표'를 적곤 했다. 남들이 다 하고 있기에 어쩔 수 없이 따라 한 사람도 꽤 있을 것이다. 이런 게 무슨 소용이냐며 불평을 늘어놓으면서도 올 한 해 동안 꼭 해야 한다고 생각되는 것들을 적어 본다. 그런데 이 '적는다'라는 행위는 결코 무시할 수 없는 파워를 지니고 있다.

어느 실험 결과, 자신의 의견을 종이에 적은 후 그것을 다른 사람에게 보여줬을 때 그 글을 적은 사람은 자신의 의견에 더 집착하게 된다는 사실이 밝혀졌다. 예를 들어 책상 위에 '정리정돈'이라고 써 붙이면 이상하게 '정리정돈'이라는 단어가 마음에 걸려 방이나 책상이 어질러져 있는 꼴을 못 보게 된다. '적는다'라는 것의 파워는 연애편지에서도 알 수 있다. 좋아하는 이성에게 연애편지를 보냈더니 시간이 지날수록 상대방에 대한 감정이 깊어졌다는 것이다. 처음에는 가볍게 마음을 고백하는 정도였는데, 두 번, 세 번 보내는 동안 점차 내용이 열렬해진다. 이런 것도 '적는다' 라는 것의 파워라고 할 수 있다. 수험생들이 책상 앞에 'ㅇㅇ 대학 합격!' 이라든지, '매일 다섯 시간 공부한다!' 라고 적은 종이를 붙이는 것도 그런 의미에서다. '적는 것' 으로 인해 생기는 효과를 마음속 어딘가에서 기대하고 있다는 표현이다. 궁색하게 받아들여질지 모르지만, 목표를 구체적으로 적음으로써 왠지 모르게 힘이 생긴다.

사실 적는 것만으로는 조금 부족하다. 앞의 실험에서도 단지 적는 것으로 그치는 게 아니라 그 내용을 다른 사람들에게 보여 줬다. 이왕이면 자신의 목표를 다른 사람 앞에서 읽어 주든지, 사람들 눈에 잘 띄는 곳에 붙여서 모든 사람이 알 수 있게 한다면 더욱 큰 효과를 기대할 수 있다. 사람들이 나의 결심을 알고 있다는 인식이 더 이상 뒤로 물러나지 못하게 만드는 것이다.

학생이라면 친구나 부모님 앞에서 목표를 읽어 주고, 샐러리맨이라면 책상 앞에 붙여 놓는다. 중간에 결심이 풀어질 것 같아도 다른 사람이 나의 결심을 알고 있다는 생각에 다시 마음을 잡을 수 있다. 물론 이 방법은 자신뿐 아니라 다른 사람에게 권해도 좋다. 예를 들어 직장의 부하나 후배에게 목표를 적게 하고, 그것을 동료들 앞에서 읽도록 한다. '적는다' 는 행위를 통해 더욱 적극적으로 행동하게 되고, 사람들이 보는 앞에서 '좌절할 수는 없다' 라고 마음을 굳게 먹게 된다.

평범한 사람을 '유능한' 인재로 바꾸는 기술

어느 초등학교에서 모의고사를 실시했다. 채점은 모의고사 업체에서 담당했다. 나중에 결과가 나왔고, 담임선생님은 매우 놀랐다. 성적이 중위권 아래였던 A군이 테스트에서 일등을 한 것이다. 실은 업체에서 점수를 잘못 체크한 것이고, A군의 점수는 이번에도 중위권 아래였다. 그러나 담임선생님은 그 사실을 알지 못했다. 반년 후, 다시 한번 모의고사가 시행되었다. A군이 또 일등이었다. 이번에는 업체의 실수가 아니었다. A군의 실제 점수가 일등이었다. 여태껏 평균 이하였던 A군이 업체의 실수로 '가짜 톱'이 되었고, 반년 후에는 '진짜 톱'이 되었다. 어떻게 이런 일이 가능할까?

먼저 A군이 상당한 노력을 했을 것이다. 하지만 그게 다는 아니다. A군을 바라보는 담임선생님의 눈이 변했다. 담임선생님은 A군에게 기대를 하고 집중적으로 가르쳤다. 그 결과 A군은 담임선생님의 기대대로 일등을 했다. 심리학에서는 이를 두고 '피그말리온 효과(Pygmalion effect)'라고 부른다.

피그말리온은 그리스 신화에 등장하는 키프로스 섬의 왕인데, 자신이 상아로 만든 여자 조각상을 사랑하게 되었다. 조각상과 인간의 사랑은 결코 이뤄질 수 없지만, 피그말리온의 열렬한 애정에 감동한 아프로디테가 여자 조각상을 진짜 여인으로 만들어 버렸다. 이렇게 해서 피그말리온과 여자 조각상은 결혼에 성공했다. 피그말리온은 엄청난 집념으로 여자 조각상을 진짜 여성으로 바꾸는 데 성공한 것이다.

이와 마찬가지로 A군의 담임선생님은 '이 아이는 하면 된다' 라는 믿음을 가졌고, 실제 A군은 반에서 일등을 했다.

'기대가 클수록 그 기대는 현실이 될 가능성이 높다' 라는 말이 있다. 스포츠에서도 지도자는 선수에게 '너라면 할 수 있다' 라는 말을 반복적으로 들려준다. 선수에게 '할 수 있다' 라는 암시를 주기 위해서인데, 감독이 진심으로 그렇게 믿지 않는 한 효과는 기대할 수 없다. 왜냐하면, 선수가 감독의 말을 믿지 않기 때문이다. 감독이 진짜 그렇게 생각하는 건지, 아니면 열심히 훈련하라는 뜻에서 뻔한 거짓말을 하는 것인지 선수는 금방 알아차린다. 감독이 '이 선수라면 할 수 있다' 라고 믿지 않는 이상, 피그말리온 효과는 기대할 수 없다.

부하든, 내 자녀든, 가르치는 학생들이든, '할 수 있는 인간' 으로 만들고 싶다면 우선 자신이 '아무개는 할 수 있다' 라고 믿어야 한다. 그 믿음만으로도 사람을 변화시킬 수 있다.

과도한 칭찬은 상대를 불안하게 만든다

'돼지도 칭찬해 주면 나무에 올라간다' 라는 속담이 있다. 확실히 칭찬은 상대방을 의욕적으로 만드는 힘이 있다. 제대로 활용하기만 한다면 최고의 테크닉이 될 수 있다. 시드니 올림픽 여자 마라톤에서 금메달을 딴 다카하시 나오코 선수의 경우가 그렇다. 다카하시 선수를 지도한 고이데 감독은 다카하시 선수가 어려움에 봉착할 때마다 그녀를 치켜세워 주면서 역경을 극복하게 했다고 한다.

하지만 과도한 칭찬은 오히려 역효과를 불러올 수 있다.

왜냐하면, 현실과 동떨어진 칭찬은 나에 대한 비난 내지는 부담감으로 작용하기 때문이다. 이 정도로 칭찬받을 일이 아닌데 부모님과 선생님, 코치는 연신 잘했다는 말만 되풀이한다. '왜 나를 칭찬하는 걸까' 라는 반발심리가 고개를 든다. 마치 기대에 못 미쳤다고 비난하는 것 같다. 의심은 자신감을 흔들어 놓고, 결국 진짜 실력도 나오지 않는다. 그리고 나를 칭찬했던 사람들에게 반항하기 시작한다.

과도한 칭찬은 비난보다 더 고통스럽다. 아이들을 보면 알 수 있다. 어른들로부터 항상 칭찬만 받는 아이들일수록 생각지도 못한 범죄를 저지르는 수가 종종 있다. 그 이유는 아이들에게 어른들의 과도한 칭찬이 부담으로 전가됐기 때문이다.

'넌 정말 똑똑하구나', '너처럼 착한 아이는 처음이다' 라는 칭찬을 계속 받게 되면 처음에는 기분이 좋지만, 시간이 지날수록 불안해진다. '내가 정말 똑똑한가?', '내가 정말 착한 아이였나?' 라는 의심으로 불안해진다. '나는 똑똑하지도, 착하지도 않다. 하지만 어른들은 내가 똑똑하고 착한 줄 안다. 나는 어른들을 속인 것이다. 만약 어른들이 이 사실을 알게 되면 나를 가만두지 않을 것이다' 라는 데까지 생각이 미치면 그땐 정말 걷잡을 수 없게 된다.

아이는 무의식적으로 자신에 대한 어른들의 평가를 낮추려고 노력한다. 자기방어적인 행동이라고 볼 수 있다. 일부러 나쁜 장난을 치고, 때에 따라서는 잔인한 범죄를 저지르기도 한다.

이와 같은 심리에 대해서는 다수의 심리학자가 실험을 통해 지적하고 있다.

기본적으로 어른 또한 아이들과 비슷한 심리적 형태를 보여 준다.

유명한 운동선수 중에는 이른바 '악동' 으로 불리는 선수들이 많다. 매스컴에 욕을 퍼붓거나, 시합 중에 상대 선수를 모욕하는 등 타고난 능력과 어울리지 않는 나쁜 이미지를 반복적으로 연출한다. 이 또한 칭찬에 반발하는 방어적 심리라고 볼 수 있다.

사람들의 평가가 높을수록 선수 본인의 심리는 불안해진다. 실력 이상으로 평가받는 것 같고, 그 이유는 자신을 비난할 꼬투리를 잡기 위해서인 것 같다. 그래서 자기도 모르게 나쁜 행동을 반복하게 된다.

다카하시 선수를 지도한 고이데 감독은 칭찬의 장단점을 잘 파악하고 있던 것 같다. 무조건 선수를 칭찬만 하는 게 아니라 때로는 잘못을 지적하기도 하면서 밸런스를 유지했을 것이다.

돼지도 칭찬하면 나무에 올라가려고 한다. 하지만 그 도가 지나치면 스스로 나무에서 떨어질 수가 있다.

무능한 사원을
'의욕적인 사원'으로
변신시키는 방법

비즈니스 세계에서는 흔히 '명함으로 일하지 마라'라는 말을 자주 사용한다.

다시 말해 직함에 의지하면 안 된다는 뜻이다. 생각해 보면 맞는 말 같기도 한데, 그렇다고 직함이 쓸모없다는 것은 아니다.

기업문화가 바뀌고 있다. 직함보다는 능력 위주로 조직이 개편되고 있다. 그러나 직함의 수는 전혀 줄어들지 않고 있다. 오히려 새로운 직함이 늘어나고 있다.

능력 위주의 경쟁체제라면서도 직함이 줄어들지 않는 이유는 무엇일까? 첫째로는 조직 관리 때문이지만, 무엇보다 중요한 사실이 있다.

그것은 '직함이 직원에게 의욕을 불어넣기' 때문이다. 그까짓 직함이 무슨 대수냐고들 하지만, 실제로 직함을 받게 되면 나도 모르게 힘이 솟고 뭔가 큰일을 해야 할 것 같은 부담감이 느껴진다.

"과장 대리이긴 하지만 평사원하고 똑같아요."라고 자조적으로 말하는 샐러리맨도 많다. 하지만 그들의 명함에서 '과장 대리'라는 단어를 빼 버리면 확실히 의욕이 저하되는 것은 당연하다.

많은 젊은이가 '직함 무용론'을 신봉하고 있다. 직함이 인생의 성공을 증명한다고 생각하는 젊은이는 거의 없다. 그렇다고 이들이 직함에 거부감을 가진 것은 아니다. 과장이나 부장 같은 직함에는 의미를 두지 않지만, '카리스마 미용사', 또는 '카리스마 요리사'라는 명칭에는 상당한 관심을 보인다. 젊은 사람들도 '카리스마 ○○○' 하는 식으로 불리기를 원하는 것이다. 젊은이들에게 '카리스마 ○○○'라는 것은 그 자체로 하나의 직함이다.

직함에 대한 샐러리맨의 동경은 나이를 먹은 후에도 식을 줄을 모른다. CEO로서 업적을 남겼음에도 정년퇴직 후 '고문'이라는 직함을 바라고, 정부 관료들은 훈장을 원한다.

이와 같은 '직함 열망'은 인간이 자존심을 상실하지 않는 한, 영원히 계속될 것이다. 입으로는 '나는 그냥 평범한 회사원입니다'라고 말하면서도 속으로는 '높은 자리에 올라가고 싶다'라는 생각을 버리지 못한다. 이것이 자존심이며, 자존심은 정도의 차이는 있을지언정 누구나 가지고 있는 인간의 본능이다.

자존심은 그저 열심히 일했다는 것으로 충족되지 않는다. 누군가로부터 인정받아야 한다. 그래서 인간은 직함에 몰두한다. 직함이 높아질수록 사회적인 명성이 높아지고, 자존심이 충족된다. 동시에 '좀 더 높은 자리에 오르고 싶다'라는 욕심이 생긴다. 이 욕심이 뭔가를 이루고 싶다는 의욕으로 나타나는 것이다.

이와 같은 인간의 심리를 이용한다면 의욕이 없는 부하직원을 '의욕적인 사원'으로 변화시키는 것도 가능하다. 그의 자존심을 자극할 직함을 주는 것이다.

아르바이트 사원에게도 커리어에 따라 '서브 매니저(Sub-manager)', '치프 매니저(Chief-manager)', '프로 매니저(Pro-manager)' 등 여러 가지 직함을 허용하는 점포가 상당수다. 시간급으로 환산하면 고작해야 몇 천 원 차이겠지만, 새로운 직함이 주어졌다는 이유만으로 아르바이트를 하는 사람들의 의욕은 충분히 고취된다.

소극적인 사람을 적극적인 사람으로 바꾸는 비결

사람을 두 부류로 나눈다면 소극파와 적극파로 나눌 수 있다. 예를 들어 어떤 회사에서 새로운 사업에 대한 임원 회의가 열렸다고 가정하자. 이때 "시기상조다. 너무 모험적이다."라고 말하는 소극파 임원이 있는가 하면, "지금 시도하지 않으면 이 업종에서 살아남지 못한다."라고 말하는 적극파 임원도 있다.

소극파 중에는 이왕이면 신중하게 접근하자는 타입도 있고, 단지 적극성이 부족한 사람도 있다. 소극적인 자세로 일관하는 까닭은 다양하겠지만, 이런 소극파를 적극파로 바꾸는 것은 그리 어려운 일도 아니다.

먼저 정해진 테마를 두고 많은 사람과 이야기를 하도록 권유한다. 이때 다른 사원들이 모두 적극파일 필요는 없다. 적극파가 상당수 가담할수록 결과가 더 좋아지겠지만, 중립적인 입장으로도 충분하다. 이런 식으로 소극파를 대화의 장으로 끌어낸다. 소극적인 사람은 여러 사람과 대화할수록 적극파로 '전향' 될 가능성이 높다.

사회심리학에서 이와 같은 현상을 '리스키 시프트(Risky Shift)'라고 부른다. '리스키 시프트'에 관한 어느 실험을 예로 들어보자.

실험자는 6명의 학생에게 다음과 같이 질문한다.

"대기업 샐러리맨이 새롭게 주목받고 있는 벤처기업으로 전직을 고려하고 있다. 만약 벤처기업이 성공할 경우 연간 수입은 대기업보다 다섯 배 이상 증가한다. 그러나 벤처기업이므로 도산할 가능성도 적지 않다. 만약 당신이 내기업 샐러리맨이라면 몇 퍼센트의 성공 가능성이 보장되었을 때 전직할 것인가?"

먼저 학생들은 각자 생각해 본 다음 대답한다.

이어서 같은 문제로 여섯 명이 집단 토론을 시행한다. 그 후 다시 개인적인 대답을 내놓는다.

실험 결과, 혼자 판단했을 때보다 집단 토론 이후의 대답이 전직에 대해 좀 더 긍정적이었다. 혼자 판단했을 때는 도산이라는 위험의 심리적 비중이 높았던 데 비해, 집단 토론 이후에는 연봉이 다섯 배 증가한다는 기대심리가 훨씬 높아졌다. 다시 말해 여러 사람과 많은 의견을 나눌수록 인간은 적극적인 사고를 하게 된다는 뜻이다.

집단 토론은 정서적으로 안정감이 있다. 나와 비슷한 처지의 사람들과 이야기하다 보면 자연스레 불안감이 해소된다. 나 혼자 겪는 위험이 아니기 때문에 위험의 부담감이 크게 다가오지 않는다. 따라서 '좋다. 한번 해보자'라는 생각을 하게 된다.

상황에 따라서는 이와 같은 판단으로 인해 심각한 위기에 직면할 수도 있다. 태평양전쟁 말기, 일본 군부는 모든 작전에서 실패를 맛보았고, 최후의 수단으로 '본토 결전'이라는 어리석은 판단을 내리게 된다. 이 또한 집단 토론의 결과였다. 하지만 실패란 어떤 의미에서는 결과론이다. 시도하기 전에는 실패와 성공을 예측할 수 없다. 때로는 위험한 선택이 성공의 지름길이 되기도 한다.

성공과 실패는 장담할 수 없다. 하지만 지금 당장 소극파를 설득해야한다. 그렇다면 우선 소극적인 반대파를 다수의 찬성파 앞에 앉히는 것이 급선무다.

상대방의 마음에
의욕을 불어넣는
화술의 원칙

직장 상사가 당신에게 어떤 일을 지시하려고 한다. 당신은 상사로부터 어떤 말을 들었을 때 더 의욕적으로 일할 수 있다고 생각하는가?

(1) "자네라면 충분히 해낼 수 있어. 하지만 요즘 실수가 많은 것
　　같아 조금 걱정이 되는군."

(2) "자네 요즘 실수가 너무 많은 것 같아. 그래도 자네라면 충분히
　　해낼 수 있을 거야."

양쪽 모두 같은 말이다. 그러나 당신을 포함한 거의 모든 사람이 (2)의 표현에 더 높은 점수를 준다.

(1)의 표현도 잘못된 것은 아니다. '자네라면 충분히 해낼 수 있어' 라고 먼저 용기를 북돋워 주었다. 하지만 뒤에 가서는 '요즘 실수가 너무 많은 것 같아' 라며 비관적인 의견을 드러냈다. 이런 말을 들은 아랫사람은 상사가 나를 믿지 못한다고 생각할 수밖에 없다. '나를 믿지도 않으면서 억지로 내게 이 일을 맡겼다. 하기 싫다' 라는 태도로 상사에게 반감을

드러내게 된다.

그렇다면 (2)의 표현은 어떤가. (1)과 달리 처음에는 비관적인 의견을 드러냈다. 그러나 결과적으로 '자네라면 충분히 해낼 수 있을 거야'라고 아랫사람을 지지했다.

아주 사소한 차이 같지만, 표현에 따라 의도가 달라질 수 있다. 특히 인간은 '마지막 표현'을 확대하여 해석하려는 경향이 있다. 기억 · 학습 심리 분야에서 말하는 이른바 '잔존효과'다. 인간의 머릿속은 마지막에 입수된 정보를 가장 귀중하게 다룬다. 즉, 마지막 정보가 전체적인 인상을 지배하는 것이다.

소설을 예로 들어보자. 도입부에서 중간까지 눈물이 날 정도로 내용이 재미있었다. 하지만 예상과 달리 결론은 무척 슬펐다. 소설을 읽은 독자들의 기억 속엔 언제까지나 마지막 부분의 비극적인 장면만 맴돈다. 마찬가지로 서두에 살인사건이 등장하는 범죄 소설일지라도 결론이 해피엔딩이라면 독자는 이 소설을 경쾌한 탐정소설쯤으로 인식한다.

이것이 인간의 심리다. 아무리 낙관적인 말을 해 주더라도 마지막에 비관적인 의견을 드러내면 상대방의 머릿속엔 '나를 비난하고 있다'라는 생각만 가득하게 된다. 30분 동안 '넌 할 수 있어'라는 말로 용기를 북돋워 준 다음 혹시나 하는 노파심에 '무슨 일이 있어도 실수하면 안 돼'라고 한마디 덧붙였다간 듣는 이로 하여금 '저 사람은 내가 실수할까 봐 걱정이군' 하는 비관적인 생각이 꼬리를 물게 한다.

반대로 처음에는 '널 믿지 못하겠다. 왜 이렇게 실력이 형편없느냐'와 같은 비관적인 말만 잔뜩 듣다가 마지막에 가서는 '그래도 너밖에 없다'라는 말을 듣게 되면 조금 전까지 고개를 들지 못하던 부하직원은 '역시 날 믿어 주고 있다' 라는 자신감과 함께 의욕적인 태도로 돌변한다.

말의 순서는 '비관 → 낙관' 으로 이어지는 게 좋다. '잔존효과' 때문만은 아니다. 앞서 설명했듯이 인간은 무조건적인 칭찬에 거부감을 느낀다.

'자네라면 할 수 있어' 라는 말을 들어도 부하직원은 쉽게 수긍하지 못한다. 속으로는 나를 형편없는 놈으로 취급하면서 겉으로만 저렇게 말하는 게 아닐까라고 의심한다.

그러나 처음에는 비관적으로 말하다가 나중에서야 칭찬하는 말을 해 주면, "이 사람은 나를 믿지 않아. 그래도 내게 뭔가를 기대하고 있어." 라고 생각하게 된다. 이와 같은 화술은 상대방을 설득하기 위한 일종의 향신료인 셈이다.

낙심한
사람을
일으키는 기술

과거에는 고뇌와 절망이 젊은이의 특권처럼 여겨졌다. 그런데 요즘 들어서는 사정이 조금 달라진 것 같다.

요즘은 중년층과 노년층의 고뇌와 절망이 심각하다. 빠듯한 생활 속에서 자녀를 키우고, 노후를 준비하기란 쉬운 일이 아니다. 뉴스에서는 매일같이 중년층과 노년층의 자살을 보도하고 있다. 그래서 이번에는 절망에 빠진 사람, 낙심하는 사람을 분발하게 만드는 기술에 대해 다뤄 볼까 한다.

절망에 빠진 사람에겐 무조건 둘 중 하나를 선택하도록 강요해야 한다. 다시 말해 양자택일이다. 이 양자택일은 상대방이 어떻게 해야 좋을지 고민하고 있을 때만이 아니라 실의에 잠긴 동료를 일으켜 세우는 데도 효과적이다.

예를 들어 낙심하고 있는 동료에게 "이대로 모든 것을 포기할 텐가, 아니면 다시 한번 해보겠나?"라고 물어본다면 동료는 뭐라고 대답할까?

낙심한 사람에겐 '최후통첩'이 최고의 치료제다. 동료로부터 이런 말을 듣고 '더 는 안 되겠어'라고 말하는 사람은 거의 없다. 나중에 포기하는 한이 있더라도 대부분은 '좋아, 한 번 더 해보겠어'라고 대답한다.

그렇다면 둘 중 하나를 강요하는 최후통첩이 절망한 사람의 마음속에서 새로운 불씨를 지피는 이유는 뭘까?

다름 아닌 '동물의 본능을 지니고 있는 인간을 자극'했기 때문이다. 인간은 자연계에 속한 개체다. 이 자연계를 지배하는 것은 죽이느냐, 죽느냐의 질서다. 야생동물을 보면 알 수 있듯이 자연계에 속한 개체들은 죽이지 못하면 죽임을 당한다.

이 세계에서는 어중간한 태도가 불가능하다. 싸우든지, 도망치든지 둘 중 하나를 택하지 않으면 삶은 허망하게 끝나 버린다.

인간이 살아가는 사회도 자연계와 다를 바 없다. 절망한 인간은, 다시 말해 싸우든지, 그냥 앉아서 죽든지 둘 중 하나를 선택해야 하는 처지라고 할 수 있다.

이때 인간의 선택은 언제나 생존 확률이 높은 '싸움'이다. 제아무리 절박한 상황일지라도 '이젠 버틸 수 없다'고는 말하지 않는다. '싸움'이라는 길이 아직 남아 있는 이상, 인간은 생존에 대한 미련을 버리지 못한다.

이렇게 단순한 선택만으로 절망에 빠진 사람을 구원할 수 있겠느냐고 의심하는 사람도 있을 것이다. 그러나 절박한 상황에서는 생각이 단순해지는 법이다. 최악의 상황이기에 사느냐, 죽느냐는 간단한 공식이 성립될 수 있다. 그런 양자택일이야말로 절망에 빠진 동료를 구출할 수 있는 최고의 방법이다.

그로기(Groggy) 상태에서 KO가 된 복서에게 심판은 '그만두겠느냐, 아니면 더 하겠느냐'라고 마지막으로 한번 더 묻는다. 그때 선수는 자기도 모르게 좀 더 하겠다고 대답한다.

낙심하고, 절망에 빠진 인간도 마찬가지다.

칭찬으로
상대를
굴복시키는 방법

웬만해선 아랫사람을 칭찬하는 법이 없는 상사로부터 어쩌다가 칭찬이라도 받게 되면 무척 기분이 좋아진다. 성격 좋고, 칭찬 잘하기로 유명한 상사로부터 입에 발린 듯한 칭찬을 받을 때와는 비교도 할 수 없이 기쁘다.

이와 같은 심리에 대해 어느 심리학자가 다음과 같은 실험을 했다.

월스터라는 심리학자가 실시한 '자존의 논리'를 증명하는 실험이었다. 실험자는 여학생들을 상대로 성격 테스트를 한다. 테스트가 끝난 다음 여학생은 복도에서 대기하도록 지시한다. 이때 실험자로부터 미리 의뢰받은 남학생이 복도에 앉아 있는 여학생에게 다가가 이야기를 건넨다.

이 남학생은 성격 테스트에 관한 이야기를 조금 나눈 후 여학생에게 데이트 신청을 한다.

바로 그때 실험자는 성격 테스트 결과를 들고 밖으로 나온다. 실험 대상인 여학생 중에는 좋은 결과를 받은 사람도 있고, 그렇지 못한 사람도 있다. 이런 결과에 따라 데이트 신청을 한 그 남학생에 대한 여학생의 반응이 어떻게 변하는 것인가를 조사하려는 것이었다.

결론은 성격 테스트 결과에 따른 여학생들의 반응이 완전히 다르다는 것이었다. 성격이 양호하다는 결과를 받은 여학생은 남학생의 데이트 신청에 그다지 관심을 나타내지 않았다. 반면에 성격이 부적합하다는 결과를 받게 된 여학생은 남학생의 데이트 신청에 상당한 관심을 보였다.

자신의 성격이 부적합하다는 것을 알게 된 여학생들은 상당히 실망했을 것이다. 하지만 이런 자신에게 데이트를 신청한 남자가 있다는 것은 큰 위안이 된다. 따라서 자연스레 관심을 기울이게 된다.

자신감을 상실한 사람일수록 자신을 높게 평가해 준 상대에게 호감을 보인다. 그가 하는 말이라면 이상하게 믿음이 간다. 바로 '자존의 논리' 때문이다. 어떻게든 자존심이 유지되는 상황에 놓이고 싶은 것이 인간의 본성이다.

만약 예전에 나를 비난했던 인물로부터 생각지도 못한 칭찬을 받게 되었을 경우, 자존심의 만족도는 상상을 초월한다. 한때 나를 비난했던 사람이기에 그의 칭찬에 집착하게 되는 것이다.

직장에서의 인간관계 또한 다르지 않다. 예를 들어 상사로부터 "요즘 태도가 안 좋아. 벌써 요령을 부리는 거야?"라는 말을 듣게 되면 누구나 기분이 상한다.

하지만 잠시 후, "그래도 선배라서 그런지 후배 다루는 법은 제법이 더군." 하는 말을 들으면 어떻게 될까. "후배들을 잘 이끌어서 보기 좋군."이라는 칭찬만 들었을 때보다 훨씬 기분이 좋아질 것이다. 상사에 대한 호감도가 높아지는 것은 말할 필요도 없다.

이와 같은 '자존의 논리'는 이성을 설득할 때도 충분히 활용할 수 있다. 처음에는 "당신은 사람이 너무 가벼워 보여."라고 일부러 비난하는 듯한 말투로 이야기한다. 그리고 나중에 "그래도 꾸미지 않는 것 같아서 믿음이 가."라고 칭찬해 주면 그냥 '믿음이 간다'라고 말하는 것보다 몇 배는 효과가 있다.

5장

직장에서 좋은
인간관계를
맺는 방법

- 업무 효율을 향상하려면

상사의 기분을
상하게 하지 않고
불만을 전달하는 방법

직장생활을 하다 보면 으레 상사에 대한 불만이 쌓이기 마련이다. 기초적인 업무도 파악하지 못하는 상사, 아랫사람이라고 무조건 무시하는 상사 등 같이 일하는 것 자체가 곤욕인 상사들이 아주 많다.

그렇다고 상사 앞에서 "과장님은 언제나 제멋대로 지시하셔서 함께 일하기 곤란할 때가 많습니다."라고 불만을 터뜨릴 수도 없는 노릇이다.

하는 수 없이 퇴근 후 동료들과 술잔을 기울이며 상사를 안주로 삼는 수밖에 없다. 그러나 기초적인 심리학을 활용한다면 상사의 기분을 건드리지 않고도 나의 불만을 알려줄 좋은 방법이 있다. '대비심리'가 바로 그것이다.

바로 앞에서 '당신은 이런 점을 고쳐야 해'라는 말을 듣고 화가 나지 않을 사람은 없다. 반대로 '당신은 ○○○보다는 괜찮아'라는 말을 들으면 괜히 기분이 우쭐해진다. 이와 같은 차이를 적절하게 공략하는 것이 포인트다.

121

예를 들어 사랑하는 그녀가 데이트 때마다 지각한다고 가정하자. 어느 날 더는 못 참고, "왜 이렇게 매일 늦어?"라고 불만을 말하면, 그녀는 자기가 잘못했다는 것을 알면서도 덩달아 화를 낼 것이다. 만약 이때 "우리 회사 직원인 미스 A는 약속 10분 전에는 무슨 일이 있어도 도착한다고."라는 말로 다른 여성과 비교라도 했다간, "그럼 그 A라는 여자와 사귀면 될 거 아냐!"라는 말을 듣게 될지도 모른다.

반대로 "그래도 우리 회사 직원인 미스 A보다는 낫다. 그 여잔 예사로 데이트 시간을 한 시간씩 어겼다가 얼마 전에 애인한테 차였어."라고 말한다면 어떨까?

그녀는 자신이 비판받고 있음에도 불구하고 '미스 A보다는 낫다' 라는 말 때문에 왠지 모르게 기분이 우쭐해진다. 또 한편으로는 계속 이런 식으로 행동했다간 사이가 나빠질 수도 있겠다는 위기감을 깨닫는다.

이와 같은 '대비심리' 는 연인 사이뿐 아니라 직장에서도 활용할 수 있다.

예를 들어 상사에게 "과장님 지시사항이 이해가 잘 안 되는데요"라고 말한 후 "그래도 A과장님 때보다는 업무가 무척 수월해졌어요. A과장님 때는 제대로 되는 게 하나도 없었거든요."라고 한마디 덧붙이는 것이다.

당신의 상사는 'A과장보다는 훨씬 일을 잘한다' 라는 평가에 고무되어 '지시사항이 이해가 잘 안 된다' 는 직접적인 불만 표출을 말없이 받아 준다. 그뿐만 아니라 'A과장보다 일을 잘한다' 라는 부하들의 평가를 계속 유지하고자 앞으로는 지시를 내리기 전에 좀 더 자세하게 설명해 줄지도 모른다.

물론 '대비심리' 를 활용했다고 해서 상사가 무조건 불만 사항을 들어

줄 것이라고 단정 지을 수는 없다. 그래도 최소한 '부하들이 이런 점을 불만으로 여기고 있구나' 라고 생각하게 된다.

또 상사가 불만 사항을 수용하지 않더라도 누적되는 불만에 입을 다물기보다는 솔직하게 털어놓음으로써 업무에 임하는 자신의 기분을 전환시킬 수도 있다.

까다로운
상사를
설득하는 기술

어느 회사에나 까다로운 상사가 있기 마련이다. 어제 지시한 서류는 다 만들어졌느냐, 내일 회의 준비는 다 끝내고 퇴근하는 거냐, 책상이 왜 이렇게 더럽냐, 글씨를 왜 이렇게 못 쓰냐는 등 하나에서 열까지 잔소리 뿐이다. 또 조그만 실수에도 "자네는 꼭 이런 데서 실수를 저지른단 말이야."라는 말을 빼놓지 않는다. 분명 내가 실수한 것이 맞지만, 쉴 새 없이 따라다니는 잔소리 때문에 일하고 싶은 마음이 사라진다.

그래서 택한 방법이 무조건 피하고 보는 것이다. 되도록 곁에 있지 않으려고 눈치를 보거나, 회의 때는 눈이 마주치지 않도록 고개를 돌리고, 상사가 무슨 말인가를 하려고 하면 재빨리 밖으로 나가 버린다. 당연히 이쪽에서 먼저 상사에게 말을 거는 것은 상상할 수도 없다. 하지만 이와 같은 대응 방법은 하수 중에서도 단연 하수다.

부부싸움이 그렇듯, 상대방이 나에 대해 불신하고 있을 때는 상대방이 불만을 터뜨리기 전에 내가 먼저 다가가는 편이 마음 편하다.

겉으로는 까다롭게 보이는 상사도 알고 보면 겁이 많은 사람일 뿐이다. 쉽게 말해 부하를 믿지 못한다. 부하의 잘못도 자신이 덮어 써야 하기 때문이다. 그래서 처음부터 끝까지 자신이 직접 관리하지 않고는 못 배긴다. 일 처리가 조금이라도 자신의 생각과 달라지면 앞날이 불안해서 견디지 못한다.

이런 상사에겐 "걱정하지 마십시오. 저희가 알아서 하겠습니다."라는 말은 효과가 없다. 그보다는 상사가 괜한 일에 걱정하지 않도록 미리 선수를 치는 것이 중요하다. 상사가 불안해 할 대목에서 먼저, "이렇게 해도 별일 없을까요?"라고 의견을 묻는 것이다.

서류를 작성할 때는 중간에 경과를 보고하는 것도 방법이다.

"절반 정도 마쳤는데 내일 저녁까지는 제출할 수 있을 것 같습니다. 아직 완성되지는 않았지만 한번 보시겠습니까?"라고 말하면 상사의 까탈스런 행동을 미리 방지할 수 있다. 또 이렇게 까다로운 상사일수록 한번 믿기 시작하면 철저하게 신뢰한다.

상사가 까다롭게 나올수록 '저 친구라면 굳이 확인하지 않아도 된다'라는 믿음을 심어 주는 것이 중요하다.

상사가 까다롭다는 이유로 도망치다 보면 거리는 더욱 멀어지고, 직장은 지옥이 된다.

윗사람을
확실하게
설득하는 방법

'안색을 살핀다' 라는 말이 있다. 보통은 눈치나 보면서 약삭빠르게 구는 행동으로 풀이된다.

직장에서는 '안색을 살핀다' 라고 하면 아부를 잘하고, 간사스럽고, 상사 비위나 맞추는 인간쯤으로 해석된다.

하지만 상사를 설득하려는 마당에 상사의 안색조차 살피지 않는다는 건 말이 안 된다. 인간은 기분에 따라 평소에는 어림도 없는 일을 허락하는 경우도 많기 때문이다.

이는 실험을 통해서도 분명하게 나타난다.

먼저 조사 대상자를 두 그룹으로 나눈다. 첫 번째 그룹은 에어컨이 돌아가는 방에서, 두 번째 그룹은 한증막처럼 후덥지근한 방에서 사회문제에 관한 리포트를 읽게 한 다음 리포트 작성자의 능력을 평가하려 하는 실험이다.

실험 결과, 한증막처럼 후덥지근한 방에서 리포트를 읽은 사람들은 대다수가 저자를 낮게 평가했다. 저자에 대한 호감도도 매우 낮았다. 이는 전적으로 환경에 영향을 받았기 때문이다.

기분이 나쁠 때는 어쩔 수 없이 상대방에 대한 감정이 마이너스가 된다.

심리학에서는 이를 '연합의 법칙'이라고 부른다. 상대를 평가하기 직전의 기분과 상대방에 대한 감정이 '연합'하기 때문이다. 다시 말해 내 기분이 좋을 때는 상대방에 대한 평가도 좋다. 반대로 내 기분이 나쁠 때는 상대방에 대한 평가가 나빠진다.

직장에서 윗사람에게 업무상 어려운 부탁을 해야 할 때는 당연히 상사의 기분이 유쾌해 보이는 적절한 타이밍을 노려야 한다. 이는 부모 자식이나 부부 사이 같은 모든 인간관계의 기초라고 할 수 있다.

그러므로 상황에 따라서는 상대방의 기분을 맞춰 주는 것도 상대방을 설득하는 전술이 될 수 있다.

신세대 사원들을
책망하는 방법

서점의 비즈니스 코너마다 '부하를 책망하는 방법' 이란 테마로 다양한 책들이 전시되어 있다. '부하를 책망하는 방법' 은 직장 상사라면 누구나 공감할 만한 테마다. 게다가 요즘은 이 문제로 적잖은 사회적 갈등이 발생하고 있다.

젊은 세대들의 특징은 쉽게 상처받는다는 점이다. 젊은 직원들에게 '이건 네가 잘못한 거다' 라고 다른 직원들이 보는 앞에서 면박을 주면 참지 못하고 반항하거나, 극단적인 경우 사표를 쓰기도 한다.

젊은 사원들을 나무랄 때는 인칭에 특별히 주의해야 한다. 잘못했더라도 '이건 네 잘못이다' 라고 꾸짖기보다는 '내가 난처하게 됐다' 라고 둘러 말하는 편이 효과적이다.

지각을 밥 먹듯이 하는 직원에게 '자네가 지각하는 바람에 업무가 제대로 돌아가지 않게 되었다' 라고 꾸짖으면 젊은 자존심에 상처를 입혀 쓸데없이 반감만 사게 될 뿐이다.

직접적인 책망이나 호통은 부하직원들에겐 경고 내지는 공격적인 메시지로 여겨진다. 다시는 같은 실수를 반복하지 말아야겠다고 생각되는 것이 아니라 '저 사람이 나를 위협하고 있다'로 받아들여지는 것이다.

'너'라는 2인칭을 주체로 면박하고 꾸짖는 것은 올바른 의사소통을 방해할 뿐이다.

이럴 때는 공격당하는 주체를 부하직원에서 '나'로 바꾸는 것이 현명하다. "자네가 자주 지각을 하는 바람에 업무가 늦어지고, 다른 부서와의 협조가 틀어졌다. 중간에서 나만 난처해졌다."라고 말하는 것이다. 공격당하는 인칭을 '나'로 바꿈으로써 '너를 꾸짖으려는 게 아니라 내가 받은 피해를 설명하는 것이다'라는 뉘앙스가 전해진다. 같은 문제로 아랫사람을 책망하더라도 아랫사람이 받아들이는 기분 자체가 달라진다.

이와 같은 인칭의 변화는 공격 당하는 주체가 '나'이기 때문에 부하직원의 처지에서 보면 보다 논리적으로 여겨진다. 자신의 태도를 직접 문제 삼는 것이 아니므로 상대방의 메시지를 냉정하게 받아들일 수 있다. 똑같은 지각이더라도 '네가 지각해서 업무에 방해가 된다'라는 말을 듣기보다는 '네가 지각하면 내가 난처해진다'라는 말을 듣는 편이 심정적으로 이해가 빠른 것이다.

아버지가 자녀를 꾸짖을 때도 마찬가지다.

"공부는 언제 할 거냐?"라고 야단치기보다는 "이렇게 놀기만 하고 공부를 하지 않으면 나중에 아버지가 성적표를 받아 보고 실망하지 않겠느냐."라는 식으로 말하면 자녀는 아버지를 실망시키지 않기 위해, 즉 아버지에게 꾸지람을 듣고 억지로 책상에 앉는 것이 아니라 공부해야 한다는 나름대로 이유를 갖게 되는 것이다.

책망도 설득의 일부다. 책망의 목표는 상대방의 잘못된 태도를 내가 원하는 바른 태도로 고치는 데 있다. 따라서 될 수 있는 한 상대방의 감정을 건드리지 않아야 한다. 상대방의 감정을 건드리지 않는 선에서 나의 생각을 전달하는 것이 기술이다. 특히 자존심이 강한 젊은 사원들을 타이를 때는 더욱 조심해야 한다.

무리한 목표도
달성하게
만드는 비법

최근 들어 부하를 무조건 닦달하기만 하는 상사는 거의 없다. 그래도 간혹 능력 이상의 할당량을 부하에게 전가하지 않으면 안 될 때가 있다.

이런 상황에서 "며칠까지 말미를 줄 테니 그때까지 마무리 짓도록 하게."라고 반강제적으로 지시해서는 곤란하다. 과도하다고 생각되는 할당량을 그대로 맡겨 버리면 부하직원은 의욕을 잃게 된다. 더구나 상사에 대한 불만까지 품게 된다. 이때 필요한 것이 '나눔의 기술'이다.

한 달 내에 300매 분량의 리포트를 작성해야 한다고 가정하자. 만약 상사가 "한 달 안에 리포트 300매를 완성하라"라고 지시했다간 부하들의 원성을 사게 된다. "말도 안 됩니다."라고 정면으로 반박하는 부하직원도 있을 것이다.

그러나 조금만 생각을 돌려보면, 다시 말해 '나눔의 기술'을 활용하면 어떻게 될까?

300매를 30일로 나누면 하루에 10매라는 계산이 나온다. '하루에 10매만 쓰면 된다' 는 지시는 '한 달에 무조건 300매' 라는 지시보다 훨씬 수월해 보인다. 이것이 인간의 심리다. 무엇보다 가능하다는 의욕이 생긴다. 과도하다고 생각되는 업무일수록 어느 정도의 의욕을 갖고 대처하느냐가 결과에 상당한 영향을 미친다.

'나눔의 기술' 을 아이들 장난 같은 속임수라고 여기는 독자도 있을 것이다. 하지만 명심하기 바란다. 인간은 정보에 좌우되는 동물이다. 같은 정보리도 어떻게 전달되느냐에 따라 반응은 천지 차이다.

같은 수준의 업무도 "실수하면 문제가 복잡해진다."라는 말을 듣게 되면 시작하기 전부터 부담감이 상당하다.

반대로 "별일 아니다. 누구나 할 수 있는 수준이다."라는 말을 들으면 시작하지도 않았는데 자신감이 넘친다.

모든 인간에겐 '달성 욕구' 가 있다. 이 '달성 욕구' 는 가능성에 대한 확신이 섰을 때 더욱 강해진다. 도저히 감당할 수 없는 업무라고 생각되는 것도 주변에서 가능하다는 정보가 계속 유입되면 할 수 있겠다는 생각이 들고, 이와 같은 생각이 '달성 욕구' 를 자극하게 된다.

심리학자 페이저는 다음과 같은 실험을 했다.

두 그룹으로 나눈 조사 대상 집단에 짧고 간단한 문제를 두 개씩 제시했다. 제시한 문제는 양쪽 그룹이 같았다. 그런데 첫 번째 그룹엔 1번 문제의 정답률이 70%라고 설명했고, 두 번째 그룹엔 1번 문제의 정답률이 5%라고 설명했다. 같은 문제에 대한 다른 정보를 양측에 제공한 것이다.

그 결과 1번 문제를 대하는 조사 대상 집단의 반응에 커다란 차이가 있었다. 정답률이 70%라는 정보를 받은 첫 번째 그룹은 어떻게든 그 문제를 풀려고 했다. 반면에 정답률이 5%라는 정보를 제공받은 두 번째 그룹은 풀어 볼 생각도 하지 않고 2번 문제로 넘어갔다.

이처럼 인간의 심리는 정보에 크게 좌우된다. 같은 문제라도 주어진 정보에 따라 반응이 다르다. 제공받은 정보를 통해 할 수 있다는 판단을 내린 업무에는 마지막까지 최선을 다하지만, 그 반대일 경우 충분히 할 수 있음에도 시도조차 하려고 하지 않는다. 부하의 능력으로 감당할 수 없는 할당량이라고 생각될 때는 조작된 정보를 제공하는 것도 지혜다.

무모한 목표에
도전하게 하는 기술

무슨 일을 시작하든 목표가 있어야 함은 두말할 나위 없다. 덮어놓고 달려 나가는 것과 목표를 정한 뒤 차근차근 걸음을 옮기는 것은 그 결과부터 다르다.

기업의 경우는 더욱 그렇다. 특정한 목표가 있어야만 집단을 통제하기도 쉽고, 조직 전체가 맛보는 성취감도 대단하다.

그러나 주의해야 할 점이 한 가지 있다. 목표 설정의 과정이다. 예를 들어 영업부에서 이번 분기의 매출 목표를 결정했다고 가정하자. 이때 CEO가 영업부의 의견을 무시하고 "이번 분기의 매출 목표는 5,000개 이상이다."라고 정해 버리면 사원들이 불만을 터뜨릴 가능성이 높다. 그 수치가 타당하다고 해도 상부에서 강요한 목표는 사원들에겐 불만의 대상이다.

"전반기에 4,800개 매출을 달성했으므로 5,000개는 그리 어려운 숫자가 아니다."라고 설득해도 이해하지 못하는 사원들이 속출한다. "4,800개도 잔업이 없었다면 불가능했다. 그 이상은 무리다."라고 구체적인 반론을 제기할 수도 있다. 또는 표면상 지시를 따르는 척하면서도 속으로는 '5,000개는 불가능하다' 라고 생각할 수도 있다.

이와 같은 사태를 피하고 싶다면 목표를 설정할 때 사원들을 참여시키는 것도 방법이 된다.

위에서 내려온 목표를 달성하지 못하더라도 일반 사원들은 그렇게 목표를 정한 상부에 모든 책임을 전가한다. 그러나 자신들이 직접 참여한 회의에서 정한 목표라면 어떤 변명도 통하지 않는다.

인간 심리상 자신의 의견이 조금이라도 반영된 문제에는 책임감을 느끼기 마련이다. 같은 목표라도 자신들의 의견이 반영된 목표라면 어떻게든 달성시켜야 한다는 압박감을 느낀다.

목표 수립 과정에 일반 사원을 참여시키면 또 다른 장점을 기대할 수 있다. 기업의 목표는 적당히 결정되는 사안이 아니다. 나름대로 논리적인 이유가 있다.

앞서 예시한 바와 같이 '이번 분기의 매출 목표를 5,000개' 로 잡았을 경우, 이 목표 수립 과정에 참여한 사원들은 왜 하필 목표가 5,000개 이상인지 그 이유를 알 수 있다.

'전반기에 4,800개였으므로 후반기엔 200개 추가' 라는 단순한 이유가 아니라 엄밀한 원가계산을 통해 만들어진 숫자임을 알게 된다. 어쨌든 목표 수립 과정을 이해함으로써 사원들의 성취 열망이 고조될 수 있다.

또 상황에 따라서는 사원들에게 목표 수립을 의뢰하는 것도 가능하다. 이 경우 사원들의 책임감과 성취 열망은 더욱 고조된다. 목표 수립 과정에서 자신들의 능력을 좀 더 객관적으로 분석하게 되고, 경쟁기업과의 균형, 시장의 동향 등 여러 가지 요소를 파악하게 된다. 이를 통해 자신의 업무에 필요한 전문적인 식견을 갖게 될 수도 있다.

신세대 젊은 직원들은 '위에서 지시했으니까' 라는 이유만으로는 움직이려고 하지 않는다. 논리적으로 이해해야만 업무 의욕이 고취된다. 이런 젊은 사원들의 특성을 파악한 다음 그들이 직접 목표 설정 과정에 참여할 수 있도록 배려한다면 업무 효용의 기대치는 엄청나게 상승할 것이다.

협력이
성과를
약속하는 것은 아니다

오늘 안으로 매출 전표를 정리해야 한다. 혼자서는 열 시간도 넘게 걸릴 것 같아 동료 직원 두 명에게 도움을 요청했다. 세 명이 함께 일하면 3, 4시간 정도 걸릴 거로 생각했는데, 결국 다섯 시간이 넘게 걸렸다.

직장생활을 하다 보면 이 같은 경우가 적지 않다. 이는 업무량을 잘못 파악해서 빚어진 실패가 아니다. 인간의 심리를 제대로 이해하지 못한 데서 비롯된 실수다.

인간은 같은 업무를 혼자 할 때보다 여럿이 함께할 때 집중력이 저하된다. 즉, 능률이 떨어지는 것이다.

독일의 심리학자 링게르만은 다음과 같은 실험을 했다.

실험 방법은 단순했다. 혼자 밧줄을 잡아당겼을 때와 복수의 참가자들과 함께 밧줄을 잡아당겼을 때의 중량 차이를 확인한 것이다. 결과적으로 혼자 밧줄을 잡아당겼을 때는 63kg을 들어 올렸지만, 둘이서 당겼을 때는 1인당 53kg으로 줄어들고, 참가자가 여덟 명으로 늘었을 때는 1

인당 31kg밖에 들지 못했다.

심리학에서는 이와 같은 현상을 '사회적 생략'이라고 부른다. 이와 같은 '사회적 생략'은 다음과 같은 실험을 통해서도 증명되었다.

실험 대상자가 '와!' 하고 소리를 지르거나 힘껏 손뼉을 친다. 한 사람이 낸 음량과 복수의 사람이 낸 음량 차이를 비교했더니 역시나 혼자 낸 음량이 제일 컸다. 여섯 명이 일제히 소리를 질렀을 때는 혼자 소리쳤을 때의 절반 이하였다. 여럿이 함께 소리를 지르면 혼자 지르는 음량보다 소리가 크다. 그러나 개개인은 혼자 소리를 지를 때보다 상당한 '생략'을 감행하고 있다.

그렇다면 이와 같은 '생략 현상'은 왜 일어나는 것일까. '여럿이 함께 일하면 그 인원수만큼 책임감이 분산' 되기 때문이다.

혼자일 때는 '책임감'이 무겁게 짓누른다. 그러나 주위에 비슷한 입장의 사람이 많아지면 '내가 아니더라도' 라는 마음을 숨기지 못한다.

앞의 경우만 하더라도 '두 명이나 더 있으니까' 라는 마음에 자기도 모르게 안심하고 일하는 속도가 늦어져 버린 것이다. 그래서 예정대로 끝마칠 수가 없었다.

흩어진 사원들을
하나로
뭉치게 하는 방법

'개인의 자유'가 존중되는 현대사회에서 기업 같은 조직체는 상당한 위기에 봉착했다. 조직적인 목표를 책정하더라도 여간해선 사원들이 한데 뭉치지 않는다. '모두가 일치단결해서 목표를 향해 전진하자'라고 외쳐도 행동은 제멋대로다. 리더로서는 젊은 사원들을 바라보기만 해도 골치가 아프다. 이럴 때일수록 '동질화'의 지혜가 절실하게 요구된다.

동질화란 조직원들의 사고방식과 가치관을 비슷하게 만드는 과정인데, 그다지 어려운 일은 아니다. 주위에서도 별로 친하지 않았던 사원들이 같은 지역 출신임을 알게 된 후, 또는 동문이었음을 알게 된 후 갑작스레 친해지는 경우가 많다. 옛말에도 '닮은 사람끼리 친해진다'라는 속담이 있듯, 동질화의 기본은 교집합이다. 서로가 상충하는 교집합을 찾아냄으로써 사원들의 의식 속에 동료애를 싹트게 하고, 집단의 일원이라는 자각을 갖게 하는 것이다.

동질화에는 기본적으로 세 가지 방법이 있다.

첫째는 서로 접촉할 기회를 제공하는 것이다. 신입사원 연수회가 좋은 모델이라고 할 수 있다. 신입사원들끼리 며칠간 합숙을 한다. 합숙 동안 캠프를 하거나 게임을 하거나 토론을 한다. 이런 식으로 서로 접촉할 기회를 늘려 주면 자연스레 사고방식과 가치관이 비슷한 사람들끼리 어울리게 되고, 회사와 부서의 일원이라는 의식이 강해진다.

둘째는 외부로부터의 자극이다. 외부로부터의 자극에는 다른 부서와의 경쟁 관계도 포함된다. 쉽게 말해 '적'을 통한 내부 결속이다.

기업의 경우, 라이벌 회사보다 더 많이 파는 것을 목표로 정한다. 혹은 '제1 영업부', '제2 영업부'로 부서를 나눠 일부러 '적'을 만들어 준다. 요컨대 '지고 싶지 않다'라는 라이벌 의식과 위기감을 느끼게 되면 강요하지 않아도 집단의 결속력이 높아진다.

셋째는 조직의 대외적 평가를 향상하는 방법이다. 자신이 속한 집단이 대외적으로 높은 평가를 받게 되면 그 집단에 소속되어 있다는 충성도와 긍지가 높아진다.

예를 들어 '우리 부서의 업무는 회사 전체에 매우 큰 영향을 미친다', '이번 프로젝트는 역사적으로 가치가 있다'처럼 조직원들이 긍지로 삼을 수 있는 목표나 성과를 주입하는 것이다. 다시 말해 조직원들이 긍지로 여길 수 있는 뭔가가 내재한 조직일수록 단결력과 충성도가 더욱 높아진다고 할 수 있다.

실패해도
신용이
떨어지지 않는 방법

몇 년 전 세상을 소란케 했던 어느 식품의 식중독 사건에 대해 생각해보자.

이 사건으로 인해 기업은 매스컴부터 일반 서민에 이르기까지 엄청난 비난에 휩싸였고, 기업 이미지는 끝도 없이 추락했다. 그 과정을 살펴보면서 기업의 대처능력에 의문을 품게 되었다. 기업은 식중독이라는 최악의 사태에서도 마이너스 정보 공개를 주저했다. 매스컴이 의문을 제기해도 좀처럼 시인하는 법이 없었다. 당연히 시민들은 식중독의 원인에 대한 기업의 해명을 믿지 않았다. 왜냐하면, '더 나쁜 정보를 숨기고 있을지도 모른다'라고 생각했기 때문이다.

당시 이 기업이 조금만 생각을 바꿨더라면 어떻게 됐을까? 사건이 터지자마자, 다시 말해 매스컴이나 시민들이 궁금해하기 전에 식중독을 일으켰을지도 모르는 마이너스 정보를 공개했다면 어떻게 됐을까? 기업 이미지의 추락을 막지는 못했겠으나, 치명적인 데미지는 피할 수 있었을 것이다.

마이너스 정보는 상대방의 인식을 부정적으로 만든다. 특히 상대방이 직접 마이너스 정보를 찾아냈을 경우 신뢰감은 형성되기 어렵다. 이렇게 중요한 마이너스 정보가 또 있을지 모른, 지금도 나를 속이고 있는지 모른다는 의심이 생기기 때문이다.

반대로 마이너스 정보를 미리 알려주면 신뢰감이 급속도로 강해지는 것은 아니나, 적어도 이미지 추락만은 방지할 수 있다.

누구나 처음 마이너스 정보를 입수하게 되면 적잖이 타격을 받는다. 그러나 다른 경로를 통해 똑같은 마이너스 정보를 입수하게 되었을 때는 상황이 다르다. '난 또 뭐라고. 그 얘기라면 벌써 알고 있어' 라는 태도로 나온다. 이미 알고 있는 마이너스 정보에 대해서는 관대해진다는 뜻이다.

이를 사회심리학에서는 '접종이론' 이라고 부른다. 예방접종을 받은 사람은 그 병에 대한 면역이 생겨 병균에 노출되어도 그다지 위험을 느끼지 않는다. 마찬가지로 마이너스 정보를 미리 '접종받은' 상대방은 그 위험에 대한 면역이 생겨 다른 사람으로부터 그와 같은 마이너스 정보를 들어도 분위기에 휩쓸려 반대의견을 내놓거나 하지는 않게 된다.

따라서 숨기고 싶은 마이너스 정보일수록 미리 알려두는 편이 유리하다. 마이너스 정보는 상대방의 심리적 저항력을 높여 주지만, 이를 끝까지 숨겼다간 한때의 수치를 피하려다 평생 수치감에 시달리게 될 수도 있다.

6장

주변 의견을
내 뜻대로
변화시키는 방법

– 불리한 상황을 어떻게 바꿀 것인가

불평불만을
잠재우는 방법

사업은 그 자체로 수많은 문제를 안고 있다. CEO, 또는 상사 입장에서는 어떻게든 사원들의 불만 내지는 문제를 덮어둔 채 앞으로 나가려 애쓴다. 이런 상황에서 CEO는 어떻게 대처해야 하는가?

예를 들어 회의 도중 사업축소와 확대 사이에서 결론이 나지 않는다고 가정하자. 몇 시간을 더 토론해도 해답이 나올 것 같지 않다. 대다수의 임원이 문제점만 나열하고 있다. 이에 CEO는 "어쨌든 중요한 것은 우리 회사의 이익입니다."라고 강조하며 회의를 끝마친다.

CEO의 이와 같은 발언은 사실 아무런 해결책도 제시하지 못한, 어찌보면 무책임한 발언이다. 눈앞의 문제를 뒤로 미루는 것 같은 인상도 풍긴다. 하지만 임원들은 어쩐지 CEO의 그 한 마디로 고비를 넘긴 것 같은 인상을 받는다.

'어쨌든' 이라는 단어의 힘을 과소평가하는 사람들이 많다. 그러나 '어쨌든' 이라는 한마디로 상대방의 불만과 불평을 잠재울 수 있다. '어쨌든' 이라는 대답을 들은 상대방은 확실하진 않지만, 저쪽에서 내 주장을 어느 정도 수긍한 것 같은 착각에 빠지기 쉽다.

어떻게 해서든 내 의견을 관철하고자 열심히 이야기한다. 상대방은 '예, 예' 하고 곧잘 대답하면서 이야기를 들어준다.

문제는 그다음이다. 이야기가 어느 정도 진전되었을 때 상대방으로부터 '어쨌든' 이라는 말을 듣게 되면, 나도 모르게 긴장이 풀린다. 상대방이 내 이야기를 이해했다는 안도감 때문이다. '지금 당장 대답을 듣지 않아도 상관없다. 어차피 저 사람은 내 이야기를 이해했다' 라고 오해하는 것이다.

치열한 논쟁의 와중에도 '어쨌든' 이라는 단어를 사용할 수 있다. '어쨌든' 이라는 한마디 때문에 상대는 논쟁이 끝에 다다랐다는 착각을 하게 된다. 더 이상은 토론하지 않아도 된다고 생각하게 되는 것이다.

'어쨌든' 이라는 단어를 통해 페이스를 유리하게 이끌고 싶을 때는 대화의 타이밍에 주목해야 한다.

"어쨌든 한 번 해본 후에 결론을 내립시다.", "어쨌든 다음에 결론을 내리고 우선은 이것부터…"라는 방식으로 '어쨌든' 이라는 단어를 활용한다. 이 '어쨌든' 이라는 단어 뒤엔 내가 하고 싶은 말을 첨가한다. 상황이 일단락되었다고 생각하고 있는 상대방을 감쪽같이 내가 원하는 페이스로 이끄는 것이다.

조작된 정보로
상대방의 태도를
바꾸는 방법

최근 일본 연예계에서 가장 큰 논란을 불러일으킨 가수는 우다다 히카루였다.

우다다 히카루는 젊은 층은 물론이고 중년 세대까지 팬으로 거느리고 있다. 재미있는 사실은 그녀가 중년 세대의 인기를 얻게 된 계기다.

데뷔 당시만 해도 우다다 히카루에 대한 중년 세대의 반응은 '무슨 노래를 부르는 건지 알 수 없는 아가씨' 에 불과했다.

그러나 우다다 히카루의 어머니가 과거 연극계의 대스타였던 후지 게이코라는 것이 알려지자, 우다다 히카루를 바라보는 중년 세대의 반응은 완전히 달라졌다. '역시 그럴 줄 알았어' 라며 우다다 히카루를 지지하기 시작했다.

'알아들을 수 없는 노래를 부르는 어린 여가수' 에서 '대스타 후지 게이코의 딸' 로 전제가 바뀐 것뿐인데, 그녀에 대한 중년 세대의 반응은 완전히 달라졌다.

생각해 보면 이런 상황은 우리 주변에서도 흔히 발생하고 있다. 비즈니스에서도 '전제'가 어떻게 달라지느냐에 따라 상대방의 태도는 물론이고 비즈니스의 성과까지 달라진다.

예를 들어 중요한 비즈니스 관계자와 약속이 잡혔다고 가정하자. 상사로부터 '그 사람은 사소한 일에도 까다로움을 피우는 사람이다'라는 '전제 정보'를 입수하게 되면 평소에는 만사가 적당주의였던 사람도 서류부터 옷차림까지 신경 쓰게 된다.

아무리 사소한 비즈니스일지라도 이와 같은 '전제 정보'는 매우 유용하다. 맥주 판매상이라면 "와인 붐도 슬슬 끝나가는 것 같아요."라는 '전제 정보'를 미리 제공한다. 그러면 소매상의 머릿속엔 일반 주류와 맥주가 남는다.

이와 같은 '전제 정보'의 유용성에 대해서는 많은 실험이 있었다. 실험 결과 인간은 '잘못된 전제 정보'에도 쉽게 휩쓸린다는 사실이 밝혀졌다.

베테랑급 형사들을 대상으로 다음과 같은 실험을 했다. 실험자는 형사들에게 여러 장의 그림을 보여 주었다. 모든 그림에 시계가 그려져 있었고, 시간은 전부 열 시였다.

실험자가 형사들에게 "그림 속의 시계가 몇 시를 가리키고 있었습니까?"라고 묻자, 모든 형사가 "열 시입니다."라고 정확히 대답했다.

이번에는 실험자가 "그림 속의 시계는 두 시였나요, 아니면 아홉 시였나요?"라고 물어보았다. 그러자 놀랍게도 형사들 대부분이 "아홉시입니다."라고 대답했다.

'아홉 시'란 잘못된 '전제 정보'에 베테랑급 형사들마저 간단하게 걸려든 것이다.

이처럼 사람은 '전제 조건'을 무시하지 못한다. 자신이 확신하고 있는 정보와 상반된 전제일지라도 이를 전적으로 무시하지는 못한다.

예를 들어 회의 시작에 앞서 CEO가 새로운 프로젝트를 제안했다고 가정해 보자. "내 생각엔 이 프로젝트가 좋은 것 같은데 여러분들끼리 나중에 자유로이 토론한 후 결론을 말해 주길 바란다."라고 자신의 의견을 '전제 정보'로 제공한 후 자리에서 물러났다고 하자. 그 결과 회의 참석자들 중 CEO의 의견과 다른 프로젝트를 주장할 수 있는 사람은 거의 없었다.

이는 회의 참석자들이 CEO의 권위에 무의식적으로 고개를 숙였기 때문만은 아니다. 그 전까지 이 프로젝트에 관심이 없던 사람들까지 CEO가 제공한 '전제정보'를 염두에 둔 후 회의를 진행했기 때문에 자연스레 CEO와 같은 의견에 도달하게 된 것이다.

실수를 통해
상황을 유리하게
만드는 방법

실수를 인정하는 것처럼 자존심 상하고 괴로운 일은 없다. 더구나 요즘 젊은 직장인들은 좀처럼 자신의 실수를 인정하지 않는다. 실수가 명백한 상황에서도 변명으로 일관하고, 때에 따라서는 적반하장 식으로 더 화를 낸다.

사회생활을 오래 한 사람일수록 사과에 매우 민감하다. 자신의 실수를 인정하는 것은 상대방이 원하는 페이스를 인정하는 것과 마찬가지이기 때문이다.

그러나 상황에 따라서는 상대방이 원하지 않아도 먼저 사과할 줄 알아야 한다. 고개를 숙임으로써 불리했던 상황이 일거에 해소될 수도 있기 때문이다.

내가 실수를 저질렀을 때 상대방이 과도하게 반응하는 것은 나의 실수 때문만은 아니다. 실수를 인정하면서도 사과하지 않는 나의 태도에 감정이 상했기 때문이다. 실수를 저지른 것도 모자라서 은근슬쩍 실수를 덮어버리려고 한다며 더 화를 내는 것이다.

이때 상대방이 요구하기 전에 내가 먼저 사과해 버리면 상대방은 나의 태도에 성의를 느낀다. 그만큼 자신을 인정해 줬다고 생각하는 것이다. 이것이 실수를 통해 상대방의 신뢰를 획득하는 방법이다. 상대방이 나를 신뢰하고 있다면 상황은 얼마든지 내 뜻대로 움직일 수 있다.

어느 심리학자가 '사과를 통한 신뢰도의 회복'을 주제로 다음과 같이 실험했다.

실험자는 조사 대상자에게 간단한 테스트를 한다. 이때 테스트를 준비하는 것은 어시스턴트다. 하지만 어시스턴트는 조사 대상자들에게 미리 알려준 것과 상관없는 테스트 문제를 준비한다. 이로 인해 조사 대상자들은 크게 당황한다. 진짜 실험은 여기서부터 시작된다. 실험자는 다음과 같은 네 가지 상황을 준비했다.

(1) 어시스턴트는 실험자가 보는 앞에서 학생들에게 자신의 실수를 사과한다.

(2) 어시스턴트는 실험자가 보지 않는 곳에서 학생들에게 자신의 실수를 사과한다.

(3) 어시스턴트는 사과하지 않고, 실험자는 어시스턴트가 실수를 저질렀다고 말한다.

(4) 어시스턴트는 사과하지 않고, 실험자도 어시스턴트의 실수를 발견하지 못한다.

이때 실험에 참여한 조사 대상자들이 어시스턴트를 어떻게 평가했는지 확인해 봤다.

가장 높은 평가는 어시스턴트가 먼저 사과했을 때였다. (1)의 상황과

(2)의 상황에 대한 차이는 그리 크지 않았다. (2)의 상황에서 조사 대상자는 실험자에게 어시스턴트의 실수를 알리지 않았다.

어시스턴트가 사과했다' 라는 것이 중요했기 때문이다.

이처럼 사과만으로도 상황을 최대한 유리하게 이끌어나가는 것이 가능하다.

실수는 무조건 덮어야 한다는 잘못된 사고방식 때문에 수습할 수 있는 상황이 더욱 복잡해저 결국 눈덩이처럼 불어나고 만다.

실수는 누구나 저지른다. 하지만 사람에 따라서는 실수를 기회로 이용하기도 하고, 작은 실수로 인해 끝없는 나락으로 떨어지기도 한다.

마음을 쉽게
열지 않는 사람을
설득하는 방법

TV 드라마의 하이라이트는 '최종회의 클라이맥스' 다. 그러나 드라마가 끝난 후에도 머릿속에 남는 인상은 '최종회의 클라이맥스' 가 아니다. 주인공이 위기를 맞게 된 순간, 나도 모르게 '다음 장면은 어떻게 될까' 라고 조바심을 내고 있는데, 갑자기 '다음 회에 계속' 이라는 자막이 떴다면 '최종회의 클라이맥스' 보다 훨씬 강렬하게 기억될 것이다.

이와 비슷한 상황인데, 그동안 매일 아침 직장에서 마주치면 '안녕하세요' 라고 먼저 인사하는 이성이 있었다. 당신은 그 이성에게 특별한 감정이 없었다. 그런데 언제부턴가 상대방은 당신과 마주쳐도 '안녕하세요' 라고 인사하지 않게 되었다. 그리고 당신은 상대방이 '왜 인사를 건네지 않는 걸까' 라고 심각하게 고민하기 시작했다….

결론부터 말하면, 이 두 가지 사례는 심리학에서 말하는 '중단 효과' 라고 할 수 있다.

인간은 완전히 '끝나 버린 그것' 보다 아직 '미완으로 남아있는 그것'

에 더 큰 미련을 갖는다. 아직 결론이 나지 않았다는 미련 때문에 특별히 관심을 가진 것도 아닌데 꾸준히 의식하게 된다.

이에 대해서는 구(舊)소련의 임상심리학자인 제이갈릭이 밝혀냈다. 제이갈릭은 '미완의 행위가 완료한 행위보다 기억에 남는다' 라는 사실을 실험으로 밝혀냈다.

'제이갈릭 효과' 를 이용하면 상대방을 설득하는 데 많은 도움을 얻게 된다. 상대방이 나의 의견에 아무런 관심을 보이지 않을 때는 도중에 끝낸다. 상대방은 당신의 이야기에 특별한 관심이 없지만, 아직 다 듣지 못했다는 초조감으로 흥미를 보이게 될 것이다.

또는 상대방이 나와의 거래를 바라지 않는 것처럼 보일 때도 '제이갈릭 효과' 를 기대할 수 있다. 상대방 처지에서 충분히 흥미를 보일만 한 자료들을 준비했음에도 반응이 시원치 않다면 이미 거래는 힘들어졌다. 이쪽에서 공격적으로 나가도 효험이 없다. 이럴 때는 마지막 거래조건을 이야기할 때 "오늘은 다른 약속이 있어서…."라고 말하며 일단 물러난다.

지금껏 관심을 보이지 않던 상대의 눈빛이 달라질 것이다. 그 이유는 아직 끝을 보지 못했다는 막연한 호기심 때문이다. 이 문제로 다시 만난다면 상대방은 예전과 다른 태도로 나올 것이다. 그동안 나름대로 이 문제에 대한 결론을 생각해 보면서 처음에는 관심이 없던 거래가 갑자기 흥미롭게 생각되는 것이다.

상황에 따라서는 "오늘은 여기까지만 이야기해야겠군요…." 하고 돌아서는 것도 좋은 방법이다. 상대방은 결말이 궁금해서라도 자기가 먼저 연락할지도 모른다. 그러면 이미 성사된 것과 마찬가지다.

무조건 말을 많이 한다고, 결론을 장황하게 설명한다고 상대방이 설득되는 것은 아니다. 물러날 때와 설명할 때, 무엇보다 상대방의 심리를 적절히 이용하는 것이 설득의 테크닉이라고 할 수 있다.

일방적인
의견을
중단시키는 방법

텔레비전으로 드라마나 영화를 보고 있으면 갑자기 광고 화면이 뜬다. 한창 몰입하고 있는데 엉뚱한 광고가 끼어들면 나도 모르게 화가 나서 채널을 돌려 버리기 일쑤다. 또다시 드라마나 영화가 시작되어도 전과 같은 흥분과 기대는 사라진 지 오래다.

그런데 이와 같은 광고방식을 실생활에 적용하면 매우 효과적인 설득술이 되기도 한다.

예를 들어 판매원에게 붙들렸을 때나, 상사, 또는 동료로부터 자기 자랑만 들어야 할 때 이 '광고효과'를 활용해 보자.

쉽게 말해 대화를 잠시 중단시키는 것이다.

"잠깐만요, 전화가 왔네."라든가, "아, 참, 그때 그 일은 어떻게 됐어요?"라고 불시에 끼어든다. 당신 앞에서 신나게 떠들던 상대방은 텔레비전 광고를 만난 시청자처럼 기세가 꺾이게 될 것이다.

당신 앞에서 쉴 새 없이 떠드는 그 사람은 주변에서 아무도 말리지 않앉기 때문에 그토록 많은 말을 쏟아낸 것이다. 누군가 그의 말을 중단시키기 전까지는 계속 떠들게 된다. 어쩔 수 없이 당신이 그 임무를 떠맡는 수밖에 없다.

기관총처럼 쏘아 대는 그의 수다를 멈추게 하고 싶다면 갑작스레 끼어드는 광고 화면처럼 화제를 바꿔 버리는 기술이 필요하다.

일단 화제가 바뀌면 상대방은 한풀 꺾이게 된다. 기세 좋게 자기 말만 퍼붓던 페이스가 일순간에 무너지는 것이다. 판매원이든, 자기 자랑에 열이 오른 직장 상사든 페이스가 무너지면 말하고 싶어도 말할 기운이 없어진다.

이때 주의할 점은 너무 노골적으로 이야기를 중단시켜서는 안 된다는 점이다. 상대방의 페이스를 맞춰 주면서 천천히 끌어내리는 것이 현명하다. '그야 그렇죠', '그렇게 생각할 수도 있겠네요'라고 한마디씩 참견하는 것은 상대방의 기세를 올려주는 것 같지만, 실은 상대방의 페이스를 흐트러뜨리는 효과가 있다. 한마디로 분위기를 전환하는 것이다. 상대방의 페이스가 조금 흐트러졌다고 판단되면, '지금 막 생각났는데', '방금 뭐라고 하셨죠?', '그럴 수도 있겠네요. 그런데 제가 듣기론…' 하고 화제를 바꾼다.

유명한 오페라 작곡가인 로시니도 바그너를 상대로 이와 비슷한 수법을 사용하곤 했다. 바그너는 상대방의 기분 따위는 조금도 배려하지 않고 자기 말만 한없이 늘어놓는 성격이었다. 그 바그너가 로시니를 자주 찾아갔다. 그때마다 로시니는 "잠깐만요. 냄비가 제대로 끓고 있는지 보고 올게요." 하면서 5분마다 자리를 비웠다고 한다. 바그너의 끝없는 수다에 질려 버린 로시니는 이런 방법으로 바그너가 더는 자기 말만 하지 못하도록 만든 것이다.

그러나 이런 방법을 활용해서 상대방의 이야기를 중단시킬 때는 각별히 주의해야 한다. 인간적으로 친밀한 관계일 때는 자칫 상대방이 섭섭하게 생각할 수도 있다. 양날의 칼과 같아서 당신은 불쾌한 인물로 낙인찍힐 수도 있는 것이다. 따라서 집요하게 달라붙는 판매원이나 모두가 인정하는 수다쟁이를 상대할 때 이와 같은 방법을 활용해야 될 것이다. 이 방법은 어디까지나 최후의 수단일 뿐이다.

신경질적인 사람으로부터
원하는 대답을 듣는 방법

세상에는 이상할 정도로 의심이 많거나 무조건 남들과 다른 의견을 내세우는 신경질적인 사람들이 간혹 있다. "정말 좋은 안건입니다. 절대로 후회하지 않습니다."라고 말해도 여간해선 '그럴까요?' 하고 대답하지 않는다. "더 좋은 생각은 없어?"라고 차갑게 한마디 할 뿐, 여간해선 말려들지 않는다. 이런 사람을 상대할 때는 다음과 같은 테크닉을 생각해 보기 바란다.

예를 들어 상대방에게 A 안을 보여 줬다고 가정하자. 이때는 A 안뿐 아니라 B 안도 준비한다. 그리고 상대방에게 다시 B 안을 보여 주면서 "제 생각엔 B 안이 더 좋은 것 같은데요."라고 강조한다. 그러면 상대방은 A 안을 택할 확률이 높다. '부메랑 효과'라고 불리는 설득의 테크닉이다.

부메랑은 잘 알고 있듯이 사냥감에게 던져서 맞추는 무기이다. 호주의 원주민들이 사용하는 무기로써 사용 방법이 매우 독특하다.

이 부메랑은 사냥감의 반대 방향으로 던지는 것이 원칙이다. 자기를 겨냥해 날아올 줄 알았던 부메랑이 반대 방향으로 날아가는 것을 보고 사냥감은 방심하게 된다. 바로 그때 부메랑은 크게 원을 그리며 방향을 바꿔 사냥감을 공격한다. 방향을 바꾸는 것이 부메랑의 테크닉인데, 이는 인간 심리에도 적용할 수 있는 메커니즘이다.

인간은 다른 사람으로부터 뭔가를 강요받으면 그 강요에 반대되는 방향으로 나아가려는 심리가 있다. 부메랑이 노린 곳의 반대 방향으로 날아가는 것처럼 인간의 마음속에도 상대방이 강조하는 것한테서 멀어지려는 심리가 있는 것이다.

반대로 인간은 금지당한 것에 큰 흥미를 보인다. 공원에 '출입금지'라고 간판을 세워놓으면 감시인의 눈을 피해서 몰래 들어가 보는 사람이 많은 것은 그 때문이다.

평소에는 아무런 흥미도 없었는데 '들어가면 안 된다' 라는 말을 듣곤 어쩐지 들어가고 싶어지는 게 사람의 마음이다.

흔히 '신경질적이다' 라는 평가를 받는 사람들일수록 이와 같은 반대 심리가 크게 작용한다.

따라서 이런 사람들에겐 '부메랑 효과' 가 최고의 대처법이다. A 안과 B 안 중에서 B 안을 더 강조하면 상대방은 A 안에 더 큰 흥미를 보이게 된다. 결국, A 안에 대한 설명을 듣지 않고도 A 안을 선택해 버린다. B 안을 향해 날렸다고 생각한 부메랑이 A 안에 명중한 셈이다.

이 '부메랑 효과' 는 다음과 같이 활용해도 효과적이다.

A 안과 B 안 중 상대방이 B 안을 택하도록 유도하고 싶다면 "A 안은 어떻습니까? 아니면 B 안이 좋을까요?"라고 '나중에' B 안을 제시하는

것이다.

인간의 심리는 '결론은 언제나 마지막에 위치한다' 라고 생각한다. 따라서 뒤에 나오는 해답이 '진짜' 라고 은연중에 생각하고 있는 수가 많다. 이런 심리를 활용하는 것도 고도의 설득 기술이 될 수 있다.

강경한
요구를
거절하는 기술

나치 독일의 히틀러는 결국 파멸하고 말았지만, 처음에는 교섭의 명수로 불렸던 시절도 있었다. 제2차 세계대전이 발발하기 직전, 히틀러는 동유럽이 내 손 안에 있다며 야망을 숨기지 않고 있었다. 이에 영국의 챔벌린 수상 등은 히틀러에게 더는 침략은 용납하지 않겠다고 경고했다.

갈등의 골이 깊어지자 히틀러와 챔벌린은 회담을 결정한다. 두 사람은 1938년 뮌헨에서 역사적인 만남을 가졌다. 그런데 회담 후 챔벌린은 "히틀러는 생각보다 이성적인 지도자였다."라고 발언한다. 그 이유는 히틀러가 챔벌린의 평화 요구를 받아들일 것처럼 연기했기 때문이다.

물론 이 회담의 성과는 히틀러가 원했던 대로 진행되었다. 챔벌린은 히틀러의 평화적 제스처에 속아 독일이 무력으로 침공한 체코에 대한 영유권을 인정해 버리는 중차대한 실수를 저질렀다. 이로써 히틀러는 동유럽 정복을 위한 발판을 마련했다. 결과적으로 챔벌린의 시도는 허망하게 끝나 버렸다.

당시 히틀러의 작전은 간단했다. 챔벌린의 평화안을 순순히 받아들였다. 히틀러를 무지막지한 독재자로 생각했던 챔벌린으로서는 뜻밖의 결과였다. 평화안이 결렬되면 무력으로 히틀러를 저지하겠다고 공언한 챔벌린으로서는 히틀러에게 품었던 악감정이 미안할 정도였다. 히틀러는 바로 그 점을 노렸다.

　인간은 자신의 욕구가 의외로 쉽게 관철될 경우 자기도 모르게 긴장이 풀어지곤 한다.

　그 이유는 욕구가 관철되기까지 많은 어려움이 있을 거로 짐작했기 때문이다. 틀림없이 누군가 반대할 것이고, 생각지 못했던 위기가 닥칠 거라고 생각하며 만반의 준비를 하고 있는데, 뜻밖로 일이 쉽게 풀린다. 마치 단단하게 묶인 매듭을 풀려고 손가락에 한껏 힘을 주었는데, 너무나 쉽게 매듭이 풀려 맥이 빠지는 것과 같은 상태다. 이럴 때는 희열보다는 오히려 알 수 없는 죄책감이 더 크게 다가온다.

　제삼자 처지에서 보면 특별히 죄책감을 느낄 필요가 없는데도 당사자는 그 죄책감을 해소하지 않고서는 마음이 편치 않다. 그래서 상대방이 나에게 요구할 것으로 생각되는 사안들을 미리 들어줘 버린다.

　그런데 상황에 따라서는 내 요구는 전혀 관철되지 않았는데, 상대방의 요구조건만 모두 들어준 꼴이 되기도 한다. 히틀러는 단지 '평화를 원한다'라고 말했을 뿐인데, 챔벌린은 히틀러에게 실질적인 체코 점령을 허용했던 상황이 그렇다.

　이와 같은 심리학적 테크닉은 비즈니스 관계에서도 통용될 수 있다. 상대방이 무리하다 싶은 요구조건을 제기할 것으로 예상할 때는 이쪽에서 미리 선수를 친다. 모두 수용하겠다는 모습을 보여 주는 것이다. 전면전을 예상하고 달려든 상대방은 우리 편이 흔드는 백기에 맥이 빠져 자신들도 그에 합당한 뭔가를 베풀려고 노력하게 될 것이다.

우유부단한 사람을 내 뜻대로 결단케 하는 비법

정권 교체 시기가 다가오면 누구에게 줄을 서야 할지 몰라 방황하는 정치인들이 많다. 후보가 많을수록 방황은 더욱 길어진다. 하지만 양자 간의 대결로 압축되면 선택은 뜻밖에 간단해진다.

실제로 양자택일은 상당히 유용한 전술이다. 선택을 강요하는 것 같으면서도 둘 중 하나를 자유의사로 선택할 수 있다는 심리 때문에 강요받고 있다는 생각도 들지 않는다. 게다가 인간에겐 무엇이 옳은지 그른지를 결정하고 싶은 본능이 있다. 스포츠에서도 무승부는 성에 차지 않는다. 우유부단한 성격 때문에 방황하는 사람이라면 양자택일이 최선의 수단이다. 양자택일은 '둘 중 하나는 선, 나머지는 악'이라는 결론이다. 아무리 우유부단해도 자신이 선택한 사안이 선으로 생각되면 적극적인 행동을 보일 수밖에 없다. 그것이 인간의 잠재의식이다.

우유부단한 인물에게 양자택일을 강요할 때는 A를 선택할 것이냐, 아니면 B를 선택할 것이냐고 물어봐서는 안 된다. 내게 유리한 사안에 대해서는 플러스 정보만 제공하고, 나한테 불리한 사안에 대해서는 마이너스 정보만 제공해야 한다.

예를 들어 동업에 미온적인 태도를 보이는 동료에게 "나랑 같이 사업을 시작해서 돈을 벌고 싶냐, 아니면 지금처럼 월급이나 받으면서 아무 것도 해보지 못하고 퇴직만 기다릴 것이냐"처럼 플러스 정보와 마이너스 정보 사이에서 양자택일하도록 만드는 것이 기술이다.

7장

상대방의
본심을
알아채는 비법

– 완고한 사람은 이렇게 공략한다

고민을 털어놓게
만드는 질문법

아랫사람이 개인적인 문제로 인해 업무를 수행하지 못하고 있다. 상사의 임무 중에는 이처럼 업무에 집중하지 못하는 부하직원들과 커뮤니케이션을 주고받은 후 문제를 해결해 주는 것도 포함된다. 퇴근 후 호프집에라도 데려가서 고민거리가 무엇인지 털어놓게 하면 간단하지만, 문제는 부하의 태도다.

"요새 왜 그 모양이야? 무슨 문제라도 있어?"라고 물어봤을 때 "실은….." 하고 속내를 모두 털어놓으면 얼마나 좋을까. 그런데 대부분은 "특별한 문제는 없는데요….." 하고 끝까지 숨기려고만 한다.

이럴 때 상대방이 눈치채지 못하게 하면서 본심을 털어놓게 만드는 테크닉이 있다. 이를 '오픈 퀘스천(Open question)'이라고 한다. '오픈 퀘스천'이란 응답자가 '네', 또는 '아니오'라고 대답하지 못하도록 질문하는 것이다.

"무슨 고민이라도 있어?"라고 물으면 누구든지 "아닌데요."라고 대답한다. 그러면 더 묻고 싶어도 물어볼 말이 없다. 하지만 "요즘 일하는 건 어때?"라고 물어보면 '네', 혹은 '아니오'라고 대답할 수 없다. 무슨 말이든 해야만 한다. 이를 실마리로 이야기를 전개하는 것이다.

'오픈 퀘스천'에서 주의할 점은 질문하는 사람이 적극적으로 동조해야 한다는 점이다.

상대방이 어렵사리 이야기를 시작했는데, 중간에 자기 생각을 말하거나 설교라도 늘어놓게 되면 경계심만 더 커진다. 모처럼 잡은 기회가 하늘로 날아가 버린다. 부하직원의 마음은 전보다 더욱 단단하게 얼어붙는다.

상대방의 본심을 파악하고 싶다면 상대방이 안심하고 이야기할 수 있는 상황을 만들어 줘야 한다. 맞장구를 치는 것은 좋은 방법이다. 상사가 내 말에 동조하고 있다는 확신이 들면 점차 속내를 터놓게 된다. 이렇게 해서 부하직원의 문제를 파악한 후 "그러니까 이러이러한 문제가 있다는 얘기군." 하고 상대방이 말하고자 하는 요점을 정리해 주면 더 좋은 분위기 속에서 문제를 해결할 수 있다.

카운슬러들은 이와 같은 테크닉을 '반복'이라고 부른다. 즉, 상담자가 했던 말을 그대로 반복함으로써 상담자에게 심리적 안도감과 상대방에게 내 감정을 제대로 이해시켰다는 만족감을 주는 것이다.

카운슬러들이 자주 애용하는 기술 중 '명확화'라는 것도 있다. 상대방이 말하고 싶어 하는 내용을 "자넨 이러이러한 얘길 하고 싶어 하는 거지?" 하고 미리 앞질러 말해 주는 것이다. 그러면 상대방은 말하지 않아도 내 기분을 이해해 주는 동조자가 있었다는 만족감에 기뻐하게 된다.

예를 들어 부하직원이 어느 동료에 대한 이야기를 끄집어냈다고 하

자. 이때 "응, 그랬어? 그래서?"라는 말이나 하는 것이라면 그 부하는 '내가 무슨 말을 하고 싶어 하는지를 전혀 눈치채지 못하는 양반이군' 하며 내심 실망하게 될지도 모른다. 이런 때는 부하가 동료에게 불만을 가지고 있다는 것을 재빨리 알아차리고 "하긴 그 친구도 좀 고쳐야 될 점이 있어."하고 한마디 해야 한다. 그러면 부하는 '과장님은 모르는 척하고 있지만 우리들 문제를 다 알고 있는 거야' 하면서 더욱 신뢰감을 갖게 된다.

아랫사람이
진심을
털어놓게 하는 기술

신세대 젊은 사원들은 겉으로는 친근하게 행동해도 프라이버시가 강해 여간해선 진심을 털어놓지 않는다. 그러나 때에 따라서는 이런 젊은 친구들의 속내를 확인해야 한다.

직장 상사들이 제일 간편하게 생각하는 방법이 퇴근 후 술집으로 데려가는 것인데, 이를 극대화하기 위해서는 선행되어야 할 작업이 몇 가지 있다.

술을 마시면 평소보다 솔직해지는 것은 사실이다. 그러나 진심을 듣기 위해 술을 먹이는 거라면 술만 먹여서는 안 된다.

우선 퇴근 후 한 잔 마시기 전에, 그러니까 회사 내에서 부하와 대화를 나눠야 한다. 물론 회사라는 공적인 공간에서 주고받는 대화인 만큼 부하직원은 원칙적인 선에서 답변할 것이다. 하지만 상관없다. 왜냐하면, 진짜 속내는 퇴근 후 술집에서 듣게 될 것이기 때문이다. 단지 지금은 준비단계에 불과하다.

긴장과 완화의 심리를 교묘하게 사용하는 테크닉이라고 할 수 있다.

인간은 누구든지 잔뜩 긴장했을 때는 좀처럼 진심을 털어놓지 않는다. 대답을 강요하면 원칙적인 이야기만 반복한다. 그러나 긴장이 풀리면 대답이 달라진다.

긴장 상태에서 갑작스레 여유로운 장소로 이동하면 방어적이었던 태도가 완화될 수밖에 없다. 자기도 모르게 '진심'을 털어놓게 되는 것이다.

예를 들어 눈보라 속을 걷다가 따뜻한 집으로 돌아왔다고 생각해 보자. 추위가 강할수록 난로 앞에서 느껴지는 평안함과 따스함의 희열은 더욱 커진다. 평소에는 잘 웃지 않던 사람도 밀려오는 행복감에 미소를 짓게 된다.

또는 누군가와 격렬하게 토론했다고 생각해 보자. 토론이 끝난 후 상대방으로부터 커피를 건네받는 순간, 토론 당시 섭섭했던 마음이 컸던 만큼 감동도 커진다.

이때 상대로부터 "너무 흥분해서 큰소리를 쳤습니다. 미안합니다."라는 말을 듣게 되면 아직 앙금이 남아있을지라도 농담을 건네거나, 식사 약속까지 하게 되는 것이 인지상정이다.

이처럼 긴장 → 완화로 심리가 이동할 때 인간은 틈을 보이게 된다.

'공적인 자리' → '사적인 자리', 즉 회사 → 술집으로 이동하는 것은 이 같은 틈을 만들기 위한 패턴이다. 사내에서는 긴장한 나머지 원칙적인 이야기만 늘어놓던 사람도 술집에 데려가면 갑작스레 긴장이 풀려 진심을 털어놓게 된다.

고개를 끄덕이면
상대방의
말수는 늘어난다

직장 내에서 소위 '잘 나가는 여성'들이 주목을 받고 있다. 그녀들과 경쟁 관계에 놓인 남자들은 나이 든 상사에게 아첨해서 출세한 것 아니냐며 애써 무시하려고 하는데, 그녀들의 성공 과정을 살펴보면 몇 가지 특색이 있다. 왜냐하면, 대다수 남자의 생각처럼 미모를 이용해서 성공한 것은 아니기 때문이다.

성공하는 여성들은 대부분 잘 웃는다. 잘 웃을 뿐 아니라 무슨 얘기를 듣든지 고개를 잘 끄덕인다. 이는 비즈니스가 걸린 협상 테이블에서도 마찬가지다. 상대방은 무슨 말에든 고개를 끄덕이며 열심히 경청하는 그녀들에게 점점 마음을 열게 된다. 당연히 성과가 올라갈 수밖에 없다.

고개를 끄덕인다…. 고개를 끄덕이는 게 무슨 기술이냐고 말할 수도 있다. 그러나 성공했다는 평가를 받는 인물일수록 대화할 때 고개를 잘 끄덕인다. 내 이야기에 고개를 끄덕이면 상대방은 '이 사람은 내가 무슨 말을 하고 있는지 이해하고 있다'라고 믿게 된다. 자연히 마음을 열고 평소보다 많은 말을 하게 된다.

인간의 이와 같은 심리를 관찰한 실험이 있다.

실험 대상자는 경찰관과 소방관을 지원하는 구직자였고, 실험 방식은 면접이었다. 면접관이 고개를 끄덕였을 때와 아무런 반응도 보이지 않았을 때 지원자들의 태도가 어떻게 달라지는지 확인한 것이다.

면접 시간은 한 사람당 45분이었다. 첫 번째 그룹의 면접관은 45분 내내 고개를 한 번도 끄덕이지 않았다. 두 번째 그룹의 면접관은 처음 15분간 계속 고개를 끄덕였다.

첫 번째 그룹 지원자들의 대답은 단답형이 제일 많았다. 반면에 두 번째 그룹의 지원자들은 처음 15분간, 즉 면접관이 계속 고개를 끄덕이는 동안 상당히 길게 답변했다.

대화가 제대로 진전되지 않을 때, 혹은 말주변이 없다고 생각되는 사람은 상대방이 이야기할 때마다 고개를 끄덕이는 것이 좋다.

많은 말을 하지 않고 다만 고개를 끄덕이는 것만으로도 상대방에게 신뢰감을 주게 될 것이다.

상대방이
더 많은 말을 하게
만드는 비법

텔레비전마다 토크쇼 일색이다. 토크쇼의 성패는 진행자의 능력에 달려 있는데, 유능하다는 평가를 받는 진행자들에겐 한 가지 공통점이 있다.

그것은 맞장구를 잘 친다는 점이다. 맞장구라면 '그래서요?', 또는 '아, 그랬군요'가 전부인 듯싶지만, 유능한 진행자들의 맞장구는 그리 단순하지가 않다. 게스트가 무슨 말을 하고 싶어 하는지 미리 파악한 맞장구다.

게스트 : 지난 휴가 때는 A라는 바닷가에 다녀왔어요.

진행자 : 아, 그래요? 그럼 복어도 많이 드셨겠네요?

게스트 : 예, 엄청 많이 먹었어요. 저는 회로 먹었는데 괜찮더라고요.

진행자 : 그렇습니까? 역시 본고장은 먹는 법부터 다르군요.

게스트 : 아무래도 그렇죠. A 지역의 복어라는 것은….

맞장구에도 격이 있다. 마지못해 들어준다는 식의 맞장구가 있는가 하면, 상대방이 말하고 싶은 내용을 유도하는 맞장구도 있다.

게다가 듣는 사람이 계속 '아, 네', '그렇군요'라고 맞장구를 쳐 주면 말하는 사람은 '상대방이 내 말에 관심을 보인다'라고 안심하게 된다.

심리학에서는 이와 같은 맞장구를 '수용'이라고 한다. 상대방이 하는 말을 무조건 받아들임으로써 상대방의 마음을 여는 것이다.

단순히 '아, 네'로 끝나는 맞장구는 상대방에게 부담을 줄 뿐이다. 내 이야기가 지겨워서 저러나 하는 의심을 품게 한다. 하지만 상대방이 원하는 질문을 섞어 가며 맞장구를 치면 상대방은 자기 기분에 취해 무슨 말이든 다 털어놓게 된다. 자기가 하고 싶은 말에 도취해 경계심이 허술해지는 것이다.

거부감을 가진
사람을
설득하는 기술

설득 중에서도 가장 힘든 것은 처음부터 거부적인 태도로 나오는 사람이다.

아이를 상대할 때도 마찬가지다. 이야기를 꺼내 보기도 전에 무조건 싫다고 하면 아무리 부모라고 해도 어쩔 수가 없다. 다독이고 꾸짖어도 말을 듣지 않는다. 돌아오는 대답은 '귀찮아' 라는 말밖에 없다. 이래서는 아무것도 되지 않는다.

이와 비슷한 경우는 아이를 상대할 뿐 아니라 어른들 세계에서도 흔히 발생한다. 처음부터 거부감을 가진 사람은 이쪽에서 이야기를 유도해도 좀처럼 말려들지 않는다. 상대방이 흥미를 보일 만한 화제를 던져도 헛수고로 끝난다. 이럴 때는 고의로 상대방을 흥분하게 만드는 것도 좋은 방법이 된다.

예를 들어 자녀가 말을 안 듣는다면 "친구들이 같이 놀아 주지 않아서 화가 난 거지?", 혹은 "너 오늘 싸움에서 졌구나?"라고 물어본다. 쉽게 말해 도발이다.

화가 난 상대방은 "그런 게 아니야!"라고 자기의 견해를 설명하게 될 것이다. 이때 한 번 더 상대방의 기분을 자극하면 자신이 생각하고 있는 이런저런 불만들을 털어놓는다. 상대방의 입장을 이해했다면 승산이 높아지는 것은 당연하다. 무엇보다 상대방의 닫힌 마음을 조금은 열 수 있게 된다. 작전이 가능해지는 것이다.

상대방이 거부감을 보이는 데엔 여러 가지 이유가 있을 것이다. 거부감이 강한 사람일수록 하고 싶은 이야기는 더 많고, 생각도 더 많다. 단지 솔직하게 털어놓을 수가 없다. 다시 말해 이쪽에서 그 사정을 알아줄 때까지 신경질적으로 반응하는 셈이다.

무슨 말을 해도 듣지 않고 거부감을 표현하는 것은 세상과 인간관계에 대한 불만이 쌓였다는 뜻이다. 그의 마음속에는 사회와 조직, 가족에 대한 굴절된 감정이 소용돌이치고 있다.

그런데 여간해선 이런 불만을 속이 시원하게 털어버릴 수가 없다. 그래서 입을 꾹 다물고 무조건 거부적인 모습을 취하게 되는 것이다. 마음속으로는 자기 생각을 마음껏 말하고 싶은데, 그렇게 하지 못해 울분이 쌓일 대로 쌓여 있다.

이런 사람을 설득할 때는 우선 하고 싶은 말을 마음껏 할 수 있도록 환경을 조성해야 한다. 자기가 생각하는 회사나 학교, 인간관계에 대해 실컷 이야기하고 나면 상대방은 후련해진 기분만큼 당신에게 호감을 느끼게 된다. 그러기 위해서는 상대방의 쌓인 감정에 불을 지피는 것이 요령이다.

정보를 얻는
테크닉

인터넷 전성시대인 오늘날, 클릭 한 번이면 갖가지 정보가 쏟아지는 세상이 되었다. 실제로 많은 사람이 인터넷에서 정보를 찾는다. 그러나 진짜 정보는 인터넷 밖에 있다. 성공과 실패를 결정짓는 중요한 정보는 현실 세계에만 존재한다.

이처럼 소중한 정보를 얻으려면 어떤 '대가'를 내야 하는 것이 일반적인 상식이다. 그 '대가'는 돈이 될 수도 있다. 오래전부터 각국의 스파이들은 정보를 얻기 위해 돈을 미끼로 사람들을 유혹했다. 하지만 일상생활에서, 또는 업계에서 중요하다고 생각되는 정보를 얻기 위해 돈을 쓰는 것은 일반인의 상식선에서 생각하기엔 조금 무리가 있다. 상대방이 부담을 느끼거나 경계할 위험이 크다.

그렇다면 어떤 대가를 내고 정보를 캐내야 할까? 최선의 거래는 이쪽에서도 정보를 대가로 거래를 요구하는 것이다. 정보를 원한다면 보답으로 정보를 제공하는 것이 가장 좋다.

심리학에서는 이를 '상호보상의 원리'라고 부른다. 인간의 심리는 다른 사람으로부터 뭔가를 받았을 때 그 답례를 해 주지 못하면 이상하게 마음이 불편하다. 이때 문제가 되는 것은 답례하는 방식이다.

답례를 위해 상대방에게 뭔가를 보내야 할 때 상대방으로부터 받은 것과 내용이 다른 선물을 보내기란 사실상 어렵다. 술을 선물 받고 답례로 돈을 건네기도 어렵고, 골동품을 선물하는 것은 더 이상하다. 술 선물을 받았다면 이쪽에서도 술을 답례로 보내거나, 술과 비슷한 커피, 또는 홍차를 선물하는 것이 적당하다.

마찬가지로 상대방으로부터 정보를 받았다면, 그래서 뭔가 사례를 해야 한다면 상품권이나 돈을 건넬 수는 없는 노릇이다. 이럴 때는 상대방과 똑같이 정보를 제공하는 편이 심리적으로 저항이 가장 적다. 유능한 비즈니스맨일수록 이와 같은 거래의 공식을 잘 이해하고 있다. 그들은 누군가의 사무실을 찾아갈 때 빈손으로 가지 않는다. 상대방이 가장 기뻐할 만한 선물, 즉 나름대로 준비한 정보를 들고 간다. 그리고 상대방에게서 내가 원하는 정보를 선물 받는다.

이와 같은 상부상조는 인간관계의 기본이다. "요즘 뭐 재미있는 얘기 없어?"라고 묻기 전에 내가 먼저 재미있는 이야기를 해 주면 상대방도 자신이 알고 있는 재미있는 이야기를 해 줄 수밖에 없다.

한 가지 주의할 점은 정보를 주고받을 때 내가 보유한 정보를 몽땅 털어내서는 곤란하다는 점이다. 사소한 것부터 한 가지씩 정보를 제공하면 상대방은 이쪽이 상당한 정보량을 보유하고 있다고 예상하게 되어 자신도 그에 걸맞은 질 높은 정보를 제공하게 된다.

8장

그녀에게
호감을
얻는 방법

- 마음속 그녀를 사로잡는다

그녀의 마음을
들뜨게 하는 테크닉

남들 몰래 마음속에 간직하고 있는 그녀…. 좋아하는 이성을 바라보는 남자의 본심은 매우 단순하다. 말할 것도 없이 '이 여자와 사귀고 싶다' 이다. 하지만 '사귀고 싶다, 사귀고 싶다' 라고 혼자 아무리 외쳐도 그녀는 내 여자가 되지 않는다. 내 마음을 호소해도 그녀는 '나는 당신이 사고팔 수 있는 물건이 아니에요' 라고 나온다. 그녀에겐 나름대로 지켜야 할 프라이드가 있기 때문이다.

물론 남성들도 이 점을 잘 알고 있다. 그래서 '당신과 사귀고 싶습니다' 라고 단도직입으로 말하는 대신, 최고의 데이트 코스를 계획하거나 생일, 또는 크리스마스에 굉장한 선물을 안겨 주는 방법을 택한다.

그런데 과연 이렇게 한다고 그녀의 입에서 '예스' 라는 대답이 나올까?.

안타깝게도 대답은 '노' 다. 왜냐하면, 이런 방법은 '그러니까 나한테 와라' 라는 속셈을 그대로 드러내 보인 것이기 때문이다. '이렇게 하면 그녀도 내 마음을 알겠지' 라는 착각은 금물이다.

여성들은 '남자의 의도가 훤히 들여다보이는 유혹' 에 본능적으로 거부감을 느낀다. 남자의 유혹에 거부감을 느낀다기보다는 그런 유혹에 넘어가는 자신에게 거부감을 느끼는 것이다. 여성은 어떤 경우에도 자신을 사고파는 것 같은 상황에 놓이고 싶어 하지 않는다.

한 가지 예를 들어보자.

어떤 바에서 젊은 남자 손님이 난방을 좀 약하게 해 달라고 요구했다. 마담은 당연히 손님의 요구를 들어주었다. 그러자 다른 테이블에 앉아 있던 호스티스가 "난 체질적으로 추위를 잘 타는데…." 하고 한쪽 어깨를 손으로 비비기 시작했다.

난방을 약하게 해 달라고 요구한 남자 손님은 그 말을 듣곤 벌떡 일어나 현관에 걸어 뒀던 코트를 들었다. 그리고 일부러 호스티스가 앉아 있는 다른 테이블로 건너가 말없이 그녀의 어깨 위에 코트를 걸쳐 주었다.

"미안해요. 이거라도 걸치고 있어요."

이와 같은 행동이 호스티스의 마음을 움직였다. 호스티스는 마담에게 "나 저쪽 테이블로 옮길래요." 하면서 그 손님이 돌아갈 때까지 그에게 찰싹 붙어 앉아 있었다.

위의 사례에서 알게 된 것은 '넌지시 신경을 써 줘야' 한다는 점이다. 여성과 함께 걸어갈 때 자신이 찻길 쪽을 걷는다든지, 엘리베이터 문이 열리면 여성이 먼저 들어가도록 해 주는, 어쩌면 별것도 아닌 행동에 여성의 호감도는 높아진다.

이와 같은 행동이 효과적인 이유는 '나는 그 음흉한 속내가 빤히 들여다보이는 유혹에 넘어가는 싸구려 여자가 아니다' 라는, 여성의 프라이드를 지켜주는 행동이기 때문이다. 다시 말해 약간의 배려로 '여성의 프라이드'를 지켜줄 때 남성이 그토록 원하는 결과가 얻어질 확률이 높아진다고 하겠다.

상대방에게
편안한
인상을 남겨라

오랫동안 사귄 연인들은 행동이나 대화의 리듬이 서로 비슷하다. 처음부터 마음이 맞았던 것은 아니겠지만, 함께 오랜 시간을 보낸 결과 자연스레 서로의 리듬이 맞아떨어지게 되었다고 할 수 있다. 수십 년간 부부로 지낸 사람들의 경우 호흡하는 리듬까지 비슷했다는 연구 결과도 있다. 아마도 '호흡이 맞는다' 라는 표현은 이런 데서 생긴 말인 것 같다.

그러므로 마음속에 그녀를 두고 있다면 오래된 부부나 연인들이 자연스레 하는 행동을 의도적으로 시도해 보는 것도 좋은 방법이다. 이에 대해서는 밀턴 에릭슨이라는 유명한 최면사가 여러 가지 실험을 통해 그 성과를 증명한 바 있다. 예를 들어 상대방의 행동 패턴을 유심히 지켜본 후 상대방의 버릇 같은 것을 은연중에 따라 해 본다. 상대방이 의식하지 못하는 가운데 서로의 리듬이 유사해지고, 이는 곧 상대방에게 '저 사람은 왠지 편안하다' 라는 기분을 전달받게 된다.

마음속 그녀의 행동 패턴은 아주 다양할 것이다. 대화할 때의 버릇,

길거리를 걸어갈 때의 리듬, 커피를 마시는 템포, 의자에 앉을 때 어디에 중심을 두고 앉는지 등을 체크한다. 그중에서도 제일 먼저 체크해야 할 것은 눈꺼풀을 깜빡이는 리듬이다. 시험 삼아 그녀의 눈을 응시하며 그녀와 비슷하게 눈을 깜빡거려 보자. 물론 오늘 당장 그 효과를 기대할 수 있는 것은 아니다. 그러나 이와 같은 행동을 반복하다 보면 당신을 향한 그녀의 호감도가 높아지는 것이 느껴진다. 그녀는 다른 남자들보다 당신과 함께 있을 때 더 편안하다고 생각할 것이다.

이것은 속임수도 아니고 마술도 아니다. 모든 인간은 자신과 리듬이 비슷한 사람에게 친밀감을 느낀다. 인간뿐 아니라 호흡이 있는 모든 생물의 공통점이다.

"○○ 씨하고 같이 있으면 어쩐지 마음이 편안해지는 것 같아요."

만약 어느 날 그녀가 당신에게 이런 말을 했다면 당신의 목적은 이미 달성된 것이나 다름없다. 사귀자는 말도 아니고, 좋아한다는 고백도 아니지만, 이쯤 되면 그녀의 마음속에서 당신이 차지하는 비중은 절대 작지 않다.

그러나 주의해야 할 점도 있다. 스필버그 감독의 《조스》를 본 사람이라면 기억할 것이다. 주인공인 경찰서장이 어린 아들에게 자신을 흉내 내도록 하는 장면이 있다. 서장이 손으로 턱을 쓰다듬으면 어린 아들도 똑같이 따라 한다. 한숨을 내쉬면 아들도 걱정스러운 표정으로 한숨을 내쉰다. 《조스》에서 관객이 긴장을 풀고 웃음을 터뜨리는 장면은 이게 전부다. 다시 말해 너무 노골적인 '리듬 맞추기'는 웃음거리가 될 수 있다.

어린아이들이 나를 따라한다면 웃고 넘어갈 수도 있다. 하지만 다 큰 어른이 내가 눈을 꿈뻑일 때 꿈뻑이고, 커피를 마실 때 따라 마신다면 어떤 여성이든 이상한 생각을 하게 될 것이다. 따라서 이 방법은 되도록 상대방이 눈치 채지 못하도록 조심하는 것이 요령이다.

당신을
'운명'으로
받아들이게 하는 기술

얼마 전에 텔레비전에서 미국 드라마 한 편을 보게 되었다. 주인공은 운명적인 만남을 기다리는 젊은 여성이다. 그녀는 소녀 시절부터 운명의 남성을 만나 결혼하게 될 거라고 확신했다. 급기야 자기 스스로 운명적인 남성의 등장에 몇 가지 조건을 달았다. 말투는 어떻고, 어디 출신이고, 어떤 취미를 가진 남성이 자신의 운명일 거라고 믿어 버린 것이다. 그런데 실제로 그 조건에 딱 들어맞는 남성이 나타났다. 재미있는 것은 이 남성이 그녀가 기대했던 이상형이 아니라는 점이다. 하지만 시간이 지날수록 그녀는 마음은 그 남성에게 기울어졌다.

드라마뿐만 아니라 거의 모든 여성이 '백마 탄 왕자님'으로 대표되는 이상형, 혹은 운명적인 만남을 동경하고 있다. 다시 말해 현재 알고 지내는 남자들보다 갑작스레 찾아오는 만남에 더 큰 영향을 받는다. 남자들이 우연이라고 부르는 만남을 여자들은 '운명'이라고 부르는 것이다.

여성들은 인생에 대한 집착이 강하다. 인생에 대한 집착이 강하다는 말은 인생에서 뭔가 특별한 사건을 기대한다는 뜻이다. 남성은 자신의 삶에 드라마(로망)가 없더라도 의식주만 채워지면 부족함을 느끼지 못한다. 반면에 여성들은 의식주가 조금 부족하더라도 평생에 한 번 겪을까 말까 한 자기만의 드라마를 만들고 싶은 욕구가 강하다. 젊은 여성이라면 더욱 그렇다.

'우연한 만남'에 여성들이 흔들리는 것은 그와 같은 성향 차이 때문이다. 그렇다고 도로에서 한 번 스친 매력적인 남자에게 달려간다는 뜻은 아니다. 여성들도 남성 못지않게 현실성이 강하다. 다만 그녀들이 꿈꾸는 '우연한 만남'이 지속되면 드라마에 대한 여성의 욕망이 현실성을 지워버리는 경우가 생긴다.

당신이 마음속 그녀와 '우연한 만남'을 3회 이상 연출할 수 있다면 그녀는 '저 사람과 운명일지도 모른다'라고 생각하게 된다. 그녀의 머릿속에 '운명'이라는 단어가 떠올랐다면 고지가 멀지 않다. 당신이 그녀의 이상형이 아닐지라도 '운명'이라는 단어가 그녀의 눈과 귀를 가린다. '운명'은 여성들에겐 일종의 신앙과도 같다. 드라마 대본을 손에 쥔 연기자처럼 그녀는 자신의 삶에 드라마가 찾아왔다고 확신하게 될 것이다. 마치 무대에 선 배우처럼 자신이 원하는 로망을 마음껏 펼치고 싶어 할 것이다. 당신의 임무는 상대역과 관객이다. 그녀의 드라마가 옳다는 확신만 심어 주면 그녀는 당신에게 조금씩 다가올 것이다.

두 사람 사이의
벽을 없애는 기술

뜻밖에 설교하기를 좋아하는 남성이 꽤 많다. 직장에서는 아랫사람과 동료들에게, 퇴근 후에는 연인에게, 혹은 아내에게 끝없이 설교를 늘어놓는다. 이런 남자들 대부분이 '여자는 똑똑한 남자를 좋아한다' 라고 믿고 있는 경우가 많다.

하지만 이것은 완전한 착각이다. 오래전에 유명 작사가와 여성 가수가 결혼한 일이 있었다. 이 작사가는 해외 유학까지 다녀온 상당한 지식인이기도 했다. 그런데 이 작사가의 엄청난 지식이 두 사람의 결혼 생활을 파국으로 이끌었다.

"미술관에 가면 '이 그림 배경이 뭔지 알아?' 라고 물어봐요. 잘 모르겠다고 대답하면 '장미전쟁이야. 설마 장미전쟁을 모르는 건 아니겠지. 모르면 곤란하지' 라고 말해요. 나중에는 노이로제에 걸렸어요…." 이혼 회견에서 여성 가수는 이렇게 하소연했다.

'여자는 똑똑한 남자에게 매력을 느낀다' 라는 말은 남자들이 멋대로 만들어낸 환상에 불과하다.

여자들은 배우는 것보다 가르치는 것을 더 좋아한다. 즉, 모든 여자는 남자로부터 도움을 받았을 때보다 자신의 힘으로 남자를 도와줬을 때 더 큰 기쁨을 느낀다.

왜 그럴까. '모성본능' 때문이다.

모성은 여성들의 특권이자 개성이다. 시험 삼아 마음에 드는 그녀에게 무엇이든 부탁해 보자. 그녀가 컴퓨터를 잘 다룬다면 정보처리 방법 등을 물어본다. 십중팔구 그녀는 매우 친절하게 가르쳐 줄 것이다. 바로 그 점이 남자와 다른 점이다. 여자들은 자신에게 도움을 요청하는 상대에게 약하다. 어떻게 생각하면 모성도 자기만족이라는 에고이즘 형태일 수 있지만, 그런 것은 상관없다. 두 사람 사이에 가로놓인 울타리를 걷어 내는 것이 급선무다.

많은 여자의 무의식 속엔 '나는 남자들이 말하는 것처럼 약자가 아니다' 라는 생각이 자리 잡고 있다. 능력을 갖춘 직장 여성일수록 이와 같은 생각은 더욱 크다. 이럴 때 남자인 당신이 약자 입장에서 도움을 요청한다면 그 여성은 '저 남자는 나를 약자로 보지 않는다. 나를 동등하게 대우해 주려고 한다' 라고 생각할 것이다. 자연히 당신과의 의사소통이나 관계가 가까워질 것이다.

그녀를
감동시키는
마법의 한마디

그녀의 달라진 헤어스타일이나 립스틱 색깔을 보고 '스타일이 더 좋아졌네요'라고 한마디 하는 것은 매우 초보적인 반응이다. 웬만한 남성은 이 정도 에티켓은 기본으로 실천하고 있다. 여성들도 이런 반응엔 더이상 감동하지 않는다.

그래도 관심 있는 여성의 헤어스타일이나 립스틱 색깔에 주의하는 것은 매우 중요하다. 왜냐하면, 여성들은 이런 사소한 부분을 통해 '그 사람이 정말 나에게 관심이 있는 걸까?'라고 생각하기 때문이다. 일종의 체크 포인트다.

정서적으로 여성은 남성에 비해 '생활 기억력'이라는 부분이 발달해 있다. 쉽게 말해 일상의 세밀한 변화 포착에 더욱 민감하고, 오랫동안 기억한다.

이와 같은 차이는 남성과 여성이 '분업'을 통해 각자의 영역을 지켜온 오랜 역사 때문이라고 여겨진다.

많은 여성이 이와 같은 능력을 인지하고 있으며, 이를 바탕으로 남성에 대한 우월감을 확인하고 싶어 한다. '남자들은 금방 잊어버리니까' 라는 것이 그녀들의 고정관념이다.

그러므로 여성들은 자신에 관한 일이라면 헤어스타일에서 립스틱 색깔까지 기억하고 있는 남자들에게 색다른 매력을 느낀다.

"남자들은 세밀한 부분은 금방 잊어버린다. 그런데 이 남자는 그렇지 않다. 나의 관한 것이라면 무엇이든 기억하고 관심을 보여 준다. 이 남자에게 나는 특별한 존재다."라고 확신하게 된다.

남자들도 여자의 심리를 잘 알고 있다. 그래서 '오늘은 핑크 립스틱이네요. 잘 어울려요' 하고 말한다. 그러나 여자들이 원하는 건 이게 끝이 아니다. 나의 모든 것들을 기억하고 있다는 증거를 원한다. 눈에 보이는 것을 칭찬하는 것은 단순한 매뉴얼에 지나지 않는다고 생각하기 때문이다.

예를 들어 짝사랑하는 그녀가 일주일 전쯤 '감기 기운이 있어요' 라고 말했다고 가정하자. "열도 없는데 기침이 조금 나네요."라고 혼잣말처럼 말했다.

일주일 후 그녀와 우연히 커피를 마시게 되었다. 이때 넌지시 한마디 건네는 것이다.

"감기는 다 나았어요? 일주일 전에 열도 없는데 기침이 난다고 했잖아요."

그녀는 어떻게 반응할까? 아마도 '고마워요. 이젠 다 나았어요' 정도일 것이다. 하지만 그녀의 마음속에선 작은 소용돌이가 치고 있다. 틀림없이 그녀는 '저 사람은 나에 관한 것이라면 잊지 않고 기억하고 있다.

나를 특별하게 생각하고 있다' 라고 확신하게 될 것이고, 당신을 바라보는 눈이 달라질 게 분명하다.

칭찬의
효용을
극대화하는 방법

'마음속의 그녀를 기쁘게 해 주려면 어떻게 해야 할까' 라고 생각하는 남자는 사랑에 성공할 확률이 그만큼 높다고 볼 수 있다. '어떻게 해야 그녀가 나한테 반할까' 라고 생각하는 남자보다 사랑에 성공할 확률이 훨씬 높다.

그녀가 마음에 든다면, 그래서 그녀에게 관심을 받고 싶다면 먼저 '어떻게 해야 그녀가 기뻐할까' 부터 생각해야 한다.

그렇다면 '그녀가 기뻐할 만한 일' 엔 무엇이 있을까?

그 해답은 당신 곁에 있다. 인간은 자신이 좋아하는 그 일로 다른 사람을 기쁘게 해 주고 싶어 하는 욕망이 있다. 다시 말해 타인으로부터 이런 기쁨을 얻고 싶다고 생각하는 것으로 다른 사람을 기쁘게 해 준다는 이야기다. 그녀를 기쁘게 하고 싶다면 그녀가 다른 사람에게 어떤 식으로 '봉사' 하고 있는지 관찰하면 자연스레 답이 나온다.

여성들은 확실히 이벤트를 좋아한다. 그래서 많은 남자는 자기가 좋아하는 여성의 생일이나 크리스마스가 되면 선물을 준다. 그런데 이와 같은 이벤트성 선물과 데이트는 그녀만의 기쁨이 아닌 모든 여자의 본능과도 같은 기쁨이다. 점찍어 둔 그녀에게만 어필할 수 있는 새로운 선물이 필요하다.

예를 들어 그녀가 여행을 좋아한다고 가정하자. 그녀는 여행지에서 산 작은 선물들을 사람들에게 나눠주는 것을 무척 좋아한다. 그녀에게 뭔가를 선물하고 싶다면 바로 이와 같은 그녀의 '특성'을 이해해야 한다. 그녀에겐 처음부터 목걸이나 반지 등을 선물해선 안 된다. 부담스럽기 때문이다. 내 감정을 최대한 숨긴 상태에서 그녀의 호감도를 높여야 한다. 이때는 먹을 것이 최고다. 그런데 시중에서 살 수 있는 먹거리는 그녀에게 아무런 인상도 남기지 못한다. 여행을 좋아하는 그녀에게 어필할 수 있는 먹거리를 선택해야 한다. 지방의 특산물이라든가, 동남아시아 전통 요리라면 그녀는 상당한 흥미를 보이게 될 것이다. 자신도 여행을 좋아하기 때문이다.

비즈니스든, 연애든 성패를 가르는 것은 인간관계의 포인트다. 인간관계란 일종의 '교섭'이다. 서로의 공통점을 하나씩 찾아가는 것이 중요하다. 교섭에서 상대방을 설득하려면 상대방에게 '나도 당신과 비슷하다'라는 동질감을 줘야 한다.

그녀가 사람들에게 즐겨 베푸는 똑같은 선행으로 그녀를 기쁘게 해주면 그녀는 당신이 자신과 비슷한 사람이라는 동질감을 느끼게 될 것이다. 예를 들어 그녀가 사람들을 칭찬할 때 자주 쓰는 말로 그녀를 칭찬하는 것도 좋은 방법이다.

'아름답다'와
'귀엽다'를
구분하라

남자들은 흔히 '아름답다'와 '귀엽다'라는 말로 마음에 드는 여성을 표현한다. 키가 크고 몸매가 좋으면 무조건 '아름답다'라고 감탄사를 연발하고, 얼굴이 전형적인 미인형일지라도 키가 작고 나이가 어리면 무조건 '귀엽다'라고 말한다.

그런데 문제는 여자들이 이런 단순한 표현으로 자신을 규정짓는 걸 싫어한다는 점이다. 명산에 100가지 풍경이 있는 것처럼 한 사람의 여성에게도 여러 가지 다른 매력이 있다. 마흔이 넘은 유명 여배우도 웃고 떠들 때는 소녀 못지않게 귀여운 매력이 있다. 아마 본인도 그와 같은 매력을 인정받고 싶어 할 것이다. 그럴 때 '아직도 소녀 같은 귀여움을 간직하고 계시네요'라고 한마디 던진다면 얼마나 좋아할까?

하지만 남자들은 여자들이란 20대 후반까지는 귀여울 수 있지만 30대가 넘어가면 결코 귀여워질 수 없다고 생각한다. 그런데 여자들은 30대 이후에도 남자들로부터 '소녀처럼 귀엽다'라는 말을 듣고 싶어 한다. 또

20대 초반의 여성도 귀엽다는 말뿐 아니라 '아름답다' 라는 말도 듣고 싶어 한다.

또 눈이나, 머리카락, 손, 발 등은 나이와 상관없이 '아름답다' 라고 말해줘야 한다. 손이나 발가락을 보고 '귀엽다' 라고 말하면 '내가 어린애 같다는 건가?' 라고 반응할 수 있으므로 조심해야 한다.

여성의 몸짓에도 늘 주의를 기울여야 한다. 머리카락을 쓸어올리거나, 고개를 갸웃거리거나, 괜히 웃거나, 턱을 괴고 멍하니 다른 곳을 바라보는 이유는 상대방으로부터 '아름답다', 또는 '귀엽다' 라는 말을 듣고 싶어졌기 때문이다. 다만 주의할 점은 그녀가 원하는 표현이 '아름답다' 인지, 아니면 '귀엽다' 인지를 분별하는 것이다.

여담이지만 멋진 여자일수록 여러 가지 풍경(표정)을 갖고 있다.

특히 유명 여배우들은 표정이 다양하다. 고풍스러운 옷을 입고 있으면 한 폭의 동양화 같고, 격식 없는 차림에 깔깔거리고 웃을 때는 장난꾸러기 같다.

보통 여자들도 여배우들의 이와 같은 장점을 정확히 인지하고 있다. 그래서 아름다운 동시에 귀엽게 보이고 싶어 한다. 그 마음을 잘 이용해야 하는 것이다.

상대방의
콤플렉스를 이용하여
호감을 높이는 방법

일본의 버블경제 붕괴 이후 가장 호황을 맞은 것은 다이어트가 중심이 된 미용 산업이다. 지난 10년간 엄청난 속도로 영역이 확장되었다. 이 미용 산업은 여성의 콤플렉스를 '자극' 함으로써 성장했다.

10년 전만 해도 미모는 타고난다는 견해가 지배적이었다. 스타일, 피부, 치아 등은 부모로부터 물려받은 축복이었다. 그래서 평범한 여성들은 미모에 대한 콤플렉스를 지닌 채 살아가야 했다.

그런데 의학이 발달하면서 모든 게 달라졌다. '돈만 있으면 누구나 예뻐질 수 있다' 라고 말하는 세상이 된 것이다. 미용 산업을 통해 이제 모든 여성이 '미인의 조건' 을 충족시킬 수 있게 되었다. 여성들의 콤플렉스가 한꺼번에 폭발한 것이다. 동시에 더 많은 콤플렉스가 생겨났다.

요즘은 완벽해 보이는 여성들마저 콤플렉스에 시달리고 있다.

"뱃살이 조금 처진 것 같아. 배꼽티를 입어야 하는데 걱정이야."

"가슴이 좀 작은 것 같아. 비키니가 어울리지 않으면 어쩌지?"

"여드름은 다 제거했는데 피부가 하얘지려면 아직 멀었어."

남자들로서는 쉽게 수긍할 수 없는 호사스러운 고민이 여자들의 삶을 괴롭히고 있다.

그러나 눈앞의 그녀를 내 여자로 만들고 싶다면 그녀의 고민이 말도 안 된다고 일축해서는 곤란하다. 그녀들의 '콤플렉스'를 통해 그녀의 마음속으로 파고들어야 한다. 즉, 그녀의 콤플렉스를 '치유'해 주는 역할을 담당함으로써 그녀와의 거리를 좁힐 수 있다.

예를 들어 허리가 두꺼워서 고민하는 여성이라면 운동을 함께하며 다이어트에 도움을 줄 수 있다. 또 가슴이 작아서 고민하는 여성이라면 "글래머 스타일은 좀 부담스러워. 길거리에서 남자들의 시선도 불편하고."라는 말을 해줄 수 있다.

미녀에게
관심을 얻는
방법

할리우드의 여배우 샤를리즈 테론이 영화 《몬스터》에서 흉측한 몰골의 살인마에게 도전했을 때 '여신'으로까지 불린 그녀의 완벽한 외모에 대한 남성들의 걱정은 이만저만한 것이 아니었다. 그토록 아름다운 여성이 왜 일부러 망가지려는 것인지 이해하지 못하는 남성들이 부지기수였다.

반면에 남성들의 사랑을 한 몸에 받았던 샤를리즈 테론은 자신의 역할에 점차 싫증을 내고 있었다. 체중을 무려 10kg이나 늘리고, 특수 메이크업을 통해 도마뱀 같은 인상의 악녀로 변신했다. 그리고 보란 듯이 아카데미 여우주연상을 받았다. 수상식에서 그녀는 기쁨의 눈물을 흘렸다. 샤를리즈 테론을 바라보며 문득 이런 생각이 들었다. 그녀라면 자신의 아름다움을 추종하는 보통의 남성이 아닌, 그녀의 자의식과 대담한 변신을 응원한 남성을 사랑했을 거라고.

풍만한 육체를 내세워 《킹콩》으로 데뷔한 제시카 랭은 오랫동안 '킹

콩의 신부'라는 멸시를 당하면서도 여러 작품에서 다양한 역에 도전하는 가운데 '할리우드 굴지의 연기파'라는 칭송을 받게 되었다.

마찬가지로 샤론 스톤은 '이런 파렴치한 역할은 맡을 수 없다'라며 할리우드의 거물급 여배우들이 거절한 《원초적 본능》의 악녀 역을 자청했다. 당시 어느 신문과의 인터뷰에서 샤론 스톤은 "매디슨스퀘어가든(뉴욕 중심부에 있는 홀)에서도 알몸으로 연기해 보일 수 있다."라고 기염을 토했다. 그리고 이 영화를 통해 전 세계가 인정한 최고의 여배우로 올라섰다.

위에서 거론한 여배우들은 인류가 인정한 미녀들이다. 따라서 그녀들은 자신의 아름다움을 칭송하는 것만으로는 만족하지 못한다.

"나를 미인이라고 말하는 남자들에게 뭔가 보여 주겠다."

이와 같은 자의식이 그녀들을 단순한 미녀 여배우가 아닌 세기적인 명배우로 불리게 만든 원동력이었다.

우리 같은 평범한 인생이 샤를리즈, 제시카, 샤론 같은 미녀를 만날 확률은 제로에 가깝다. 아니, 절대로 불가능하다. 그래도 살다 보면 간혹 엄청난 미인들과 마주칠 때가 있다.

물론 확률적으로 거의 불가능하지만, 그런 미녀들과 사귀어 보고 싶다면 그녀들의 자의식 또한 샤를리즈 테론들과 비슷하다는 점을 명심하기 바란다. 즉, 그녀에게 잘 보이고자 몸매와 얼굴을 칭찬해도 그녀는 거들떠보지도 않을 것이다.

앞서 예를 든 세 명의 미녀처럼 그녀 또한 상당한 자의식의 소유자일 것이다. 미모와 몸매가 아닌, 지성과 인격에 대한 칭찬을 듣고 싶을 것이다.

평범한 우리들에게도 미녀와 만날 수 있는 기회가 주어진다면 우리의 공략법은 이와 같아야 한다. 그녀의 인간적인 장점들을 발견하고, 그 장점들을 칭찬하는 것이다. 몸매와 미모에 대해서는 일언반구도 꺼내서는 안 된다. 이런다고 해서 그녀가 당신을 사랑하게 된다는 보장은 없다. 그래도 최소한 괜찮은 남자라는 인상은 남길 수 있다.

그녀가
깨닫지 못했던
'그녀'를 발견하라

여성들은 기본적으로 자신의 스토리 안에서 살고 있다. 그 스토리는 개성이 다르듯 제각각이지만, 모든 여성에게서 공통으로 발견되는 점이 한 가지 있다.

다름 아닌 '나는 아직 내 진짜 모습을 남자들에게 보여 주지 못했다', '나의 진짜 모습을 알아주는 남자를 만나 보지 못했다'라는 스토리다. 소설이나 영화, 드라마의 여주인공들, 즉 눈에 띄게 아름다움에도 불구하고 제대로 된 연애를 못해 본 것으로 나오는 여주인공들 대부분이 이와 같은 생각에 사로잡혀 있다.

따라서 여성들의 이런 심리를 제대로 활용한다면 어떤 남자든 기회를 잡게 될 것이 분명하다. 여자가 원하는 것은 단순한 사랑이 아니다. '내가 만든 스토리의 진짜 주인공'이 되는 체험이다.

그러기 위해서는 먼저 여자들이 원하는 대로 상황을 만들어 줘야 한다. 다시 말해 여자들이 원하는 대답, 겉모습이 아닌 내면의 '그녀'를 한 시바삐 찾아줘야 한다. 예를 들어 "넌 겉으론 푼수처럼 보이지만 속은 누구보다 깊은 것 같아."라고 말해 준다면 그녀는 어떻게 반응할까?

혹은 "넌 꼭 남자처럼 행동하지만 내가 보기엔 너만큼 여자다운 애도 없어."라고 말하는 것이다.

그녀가 실제로 자신의 '본모습'을 몰랐을 수도 있고, 아니면 알고 있었을 수도 있다. 전자가 효과적이지만 후자라도 상관은 없다. 중요한 것은 이 한마디를 통해 나를 바라보는 그녀의 눈빛이 달라진다는 점이다. '나의 진짜 모습을 발견했을지도 모르는 남자'가 등장했다는 기대감이 중요하다. 게다가 이 드라마의 주인공은 어디까지나 그녀 자신이다. 다른 사람의 이야기가 아닌 자신의 이야기인 것이다. 즉, 당신은 조연에 불과하다. 이 점을 놓쳐서는 안 된다.

물론 겉으로 드러난 모습이 실제 성격인 여성도 있다. 말 그대로 활발함을 타고난 경우도 있다. 그럴 때도 "노력한다고 성격이 활발해지는 건 아니에요. 활발한 성격도 타고나야 해요. 그런 성격도 재능이라고 생각해요."라고 특별하게 봐 주는 것이다. 그녀의 귀엔 당신의 목소리가 무척 신선하게 들릴 것이다.

상대방의
마음을
사로잡는 대화법

인간은 누구나 사회생활을 영위할 때 자신의 본성을 숨긴다. 가면을 쓴 채 생활하는 것이다. 정신분석학계의 권위자인 융은 이와 같은 가면을 일컬어 '페르소나' 라고 명명했다. '페르소나' 의 어원은 고대 그리스의 무대극에서 사용하는 '가면(페르소나)' 에서 비롯되었다.

몇 해 전, 정부 부처 직원들 사이에서 도박 골프가 유행이라는 뉴스가 보도되어 한바탕 소란이 났던 적이 있다. 도박 골프로 10여 명의 고위직 공무원이 면직당했다. 원래 공무원이란 세상 사람들이 보기에 무척이나 고지식한 집단이다. 그런데 알고 보면 이와 같은 고지식함이야말로 그들의 '페르소나' 였다. 이 사건을 통해 공무원들의 '페르소나' 가 한꺼번에 벗겨진 셈이다.

'페르소나' 를 이야기한 까닭은 그녀 또한 가면을 쓰고 있기 때문이다.

인간은 모두 가면을 쓰고 있다. 그녀의 마음속에도 가면이 있다. 냉철

하고 고지식해 보이는 공무원들이 가면 뒤에서 집단으로 도박 골프를 했던 것처럼 인간은 가끔 그 가면을 벗고 자유로워지고 싶다는 충동에 사로잡히곤 한다. 사회적 페르소나가 심적으로 상당한 스트레스를 안기기 때문이다. 내 모습을 감추며 살아야 한다는 것은 결코 쉬운 일이 아니다. 그녀 또한 함부로 벗을 수 없는 사회적 페르소나 때문에 말 못 할 가능성을 겪고 있을 가능성이 크다.

어떤 연구 결과에 따르면 과도하게 친절한 여성일수록 '우울증을 겪고 있을 가능성이 높다' 라고 한다. 다시 말해 우울증에 걸린 여성이 과도한 친절이라는 사회적 페르소나로 자신의 치부를 감춘 것이다.

마이너스 상태일 때는 그와 같은 기분을 밖으로 표출함으로써 어느 정도 치유될 수 있다.

그런데 '우울증'에 걸린 여성이라면 마이너스 기분을 표출하는 데 상당한 부담감을 느낀다. 자신의 우울증을 인식하고 있기 때문이다. 사람들이 자신의 우울증을 알아차리는 것은 현재의 마이너스 기분보다 훨씬 심각하다. 그래서 어떤 일이 있어도 가면을 벗으려고 하지 않는다.

정도의 차이는 있지만, 누구나 감추고 싶은 본모습이 있다. 당신이 사모하는 그녀도 마찬가지다. 이럴 때 나서서 그녀의 페르소나를 잠시 벗겨 주는 것이다.

"오늘은 좀 기운이 없어 보이는 것 같아."

이 한마디가 그녀에겐 상쾌한 바람처럼 느껴질 수 있다.

"오늘도 기분이 좋아 보이네."라는 말을 들었을 때보다 왠지 마음이 더 편안해진다.

그리고 당신 앞에서는 굳이 가면을 쓰고 있지 않아도 된다는 안심이

든다. 당신을 바라보는 그녀의 눈빛이 따뜻해지는 것은 당연한 결과다.

그런데 한 가지 주의할 점이 있다. 이런 행동을 할 때는 '˜한 것 같아'라는 모호한 표현을 사용해야 한다는 점이다. 만약 엉뚱한 지적을 했을 때는 '저 남자는 알지도 못하면서 함부로 지껄인다'는 인상만 남길 수 있기 때문이다.

'평범한 여자' 일수록 어렵다

미인도 아니고, 그렇다고 못생긴 편도 아니다. 글래머 스타일도 아니고, 빈약한 몸매도 아니다. 화려하지도 않고, 촌스럽지도 않다. 잘난 척하지 않는 대신, 자기주관이 분명하다. 수다스럽지는 않지만 재미있다. 소위 '평범한 여자' 다. 그런데 뜻밖에 이 '평범한 여자' 는 찾아보기 힘들다.

물론 전혀 없는 것은 아니다. 회사의 어느 부서에 한 명 정도, 즉 열 명에 한 명은 된다.

누구나 넘보는 미인 대신, 열 명 중 한 명에 불과한 '평범한 여자' 를 타깃으로 정하는 남자들도 있다. 경쟁률이 낮은 만큼 승리할 확률도 높다고 생각하는 것이다. 하지만 실제로는 성공확률이 극도로 낮다.

'평범한 여자' 를 공략하는 것이 왜 이토록 어려운 걸까? 한 번 생각해 보기 바란다. 상대방은 '특별한 스타일' 에 휩쓸리지도 않고, 유행에도 현혹되지 않는다. 한마디로 자아가 강하다. 즉 '평범해 보이는 스타일'

을 유지하기까지 그녀는 수많은 난관을 뛰어넘어 온 것이다.

자신의 특징을 없애고 사람들 눈에 띄지 않는 존재가 되었다는 것은 은밀하게 범죄자를 추적하는 사복형사와 비슷한 유형이라고 볼 수 있다. 그녀는 드러나기보다 관찰하려는 의식이 더 강하다. 그래서 유행에 민감한 스타일을 고집하는 여자다운 여자보다 냉소적이고 현실적이다.

어떤 남자(33세. 광고대리점 근무)가 같은 부서의 '평범한 여자'에게 호감을 느끼게 되었다. 말수는 적지만 가끔 재미있는 농담을 던질 줄 알았고, 무슨 말이든 이치에 닿았다. 약간 순진해 보이는 얼굴과 가무잡잡한 피부도 부담스럽지 않았다. 유명 브랜드나, 명품을 입은 적도 없었다. 말 그대로 모든 게 '평범해' 보였다.

그래서 데이트 신청을 했고, 그녀는 자연스럽게 받아들였다. 드라이브 도중에 '평범한 여자'의 첫 번째 무서움을 깨달았다. 실수로 길을 잘못 들어섰고, 낯선 곳에서 20분 정도 헤맸다. 그러자 옆에 앉아 있던 그녀가 중얼거렸다.

"왜 난리 치는 거죠?"

그는 그 조용한 말투에 섬뜩함을 느꼈다.

레스토랑에 들어간 후 또 한 번 호되게 당했다. 화장실에서 잠시 머리를 만지고 돌아온 그에게 그녀가 말했다.

"남자가 화장실에 왜 그렇게 오래 있어요? 머리라도 만진 거예요? 점잔 빼지 않아도 돼요."

'평범한 여자'는 절대 평범하지 않다. 그녀가 평범해지기까지 그녀는 평범하지 않은 삶을 살아왔다. 그녀는 전혀 만만치 않은 것이다.

데이트 신청에
OK를 받는
방법

첫 번째 데이트 신청이 성공하는 경우는 매우 드물다. 첫인상이 좋지 않고는 첫 시도가 성공하는 경우는 거의 없다. 여자들은 '가볍게' 보일 수 있다는 이유로 첫 번째 데이트 신청을 고의로 거절하는 경우가 많다.

그런데 나름대로 프라이드가 강한 남자는 "건방진 여자군." 하며 포기하고, 자신이 부족하다고 생각하는 남자는 "역시 그 여잔 나 같은 건 쳐다보고 싶지도 않은 거야."라면서 포기한다. 참으로 안타까운 일이다. 만일 당신이 둘 중 한 가지 이유로 두 번째 데이트 신청을 포기했다면 앞으로도 연애에 성공할 가능성은 지극히 낮다.

"지금 데이트 신청을 받아주면 다른 남자와도 쉽게 만나는 싸구려로 생각할 거다."

이것이 여자들이 첫 번째 데이트를 거절하는 이유다. 즉, 데이트 신청한 남성에게 나쁜 인상을 남기지 않으려고 일부러 데이트를 거절하는 것이다. 하지만 한편에서는 이런 생각도 하게 된다.

"지금 당장 호텔에 가자고 말한 것도 아닌데 내가 너무 심했던 것 같아."

"그 남자 괜찮아 보였는데, 다시 데이트 신청하지 않으면 어쩌지?"

인간은 실수한 기억보다 망설인 끝에 포기했던 기억에 더 집착한다. 감수성이 예민한 여성일수록 이와 같은 후회가 더 크게 다가온다. 여자들은 과소비엔 후회하지 않지만, 꼭 사고 싶었던 물건을 다음에 사야겠다고 미뤘다가 결국 그 물건을 사지 못했을 때는 그 물건을 사게 될 때까지 괴로워한다. 따라서 첫 번째 데이트 시도가 실패로 돌아갔을 때는 아직 한 번 더 기회가 남았다고 생각해도 무방하다. '한 번 거절당했지만, 남자로서 오기가 있다. 이번이 마지막이다' 라는 생각으로 데이트 신청을 하는 게 아니라 여자들의 심리를 바탕으로 전략을 수립해야 한다.

어느 20대 여성에게 이런 말을 들었다.

"전 두 번째 데이트 신청은 반드시 승낙해요. 한 번 데이트 신청을 거절했다고 그 자리에서 물러선다는 건 처음부터 장난삼아 접근했다는 뜻밖에 안 되잖아요?"

두 번째 데이트 신청은 여자들 입장에선 '남자의 매너' 에 해당한다.

친근하게
억지를 쓰면서
주도권을 잡는다

여자에게 다가서는 제일 나은 방법은 유머다. 그녀를 웃게 했다면 반드시 희망이 있다.

반면에 유머보다는 신용으로 그녀의 마음을 사로잡겠다는 열혈청년들도 있다. 그들 대부분은 매우 성실하다는 평가를 받고 있다.

"오래전부터 당신만 바라보고 있었습니다."

"정말 좋아합니다. 저와 사귀어 주십시오."

안타깝게도 이와 같은 절절한 고백이 성공에 이르는 경우는 거의 없다. 젊은 여성들은 심각하게 다가오는 남자들을 경계하기 일쑤다. 썰물이 빠지듯 그의 곁에서 멀어진다.

그렇다면 여자들은 왜 남자의 진심을 이해하지 못하는 걸까? 이해하지 못하는 게 아니라 겁이 났을 확률이 높다. 그 남자가 싫었다기보다는 접근 방식이 부담스러웠다. '오직 당신만을 바라보고 있습니다', '나에겐 당신밖에 없습니다' 같은 표현은 남자 처지에서 보면 진심일지 몰라도 여자들 측면에서는 은근히 무시당한 것 같다. 나를 좋아한다는 사람이 나의 기분은 생각지도 않고 자기감정만 내세우고 있기 때문이다. 그녀들은 이런 남자에게 말려들었다간 나중에 스토킹을 당하게 될 수도 있다고 생각한다.

만에 하나 둘 사이에 문제가 생겨 남자가 폭발하게 되면 여자는 체력적으로 감당할 수가 없다. 그래서 모든 여자는 본능적으로 남자에 대한 두려움이 있다. 그래서 여자들은 심각하게 나오는 남자들에게 함부로 마음을 열어주지 않는다. 그의 진짜 본심이 확인되기 전까지는 경계를 늦추지 않는 것이다.

그에 비하면 유머러스한 남자는 여성의 기본적인 두려움을 자극하지 않기 때문에 더 효과적으로 접근할 수 있다. 그렇다고 계속 웃기기만 하면 말 그대로 '웃기는 놈'이 될 뿐이다. 그녀와의 거리를 한 단계 더 좁힐 수 있는 계기를 만들어야 한다. 그것이 바로 '친근한 억지'다.

예를 들어 점심 후 커피를 건네면서 "2분만 저랑 같이 얘기해요."라고 말한다. 특별히 할 얘기도 없는데 왜 하필 2분인지 그녀는 잘 이해가 안된다는 표정일 것이다. 그래도 순순히 2분 동안 함께 커피를 마셔 준다. 혹은 퇴근길에 그녀를 붙잡고 "지갑에 1만 원밖에 없지만, 오늘 맛있는 걸 사 주고 싶어요. 잘 아는 단골집에 가면 1만 원으로도 배불리 먹을 수 있어요. 같이 가요."라고 사정한다. 뻔뻔스럽게 보일 수도 있지만, 그녀의 머릿속에 입력된 당신의 인상은 '유머'다. 즉, '저 사람이 내게 보여주는 행동엔 악의가 없다'라는 공식이 성립되어 있다. 당신의 행동에 습관적으로 웃음을 터뜨린 그녀이기에 이와 같은 억지 데이트가 가능한 것이다. 평소에는 말수도 적고 근엄한 척하다가 갑작스레 이런 억지를 부렸다간 그녀로부터 '스토커일지도 모른다' 는 의심을 받게 되기 알맞다.

그녀와 친해지고 싶다면 평소에 그녀를 웃겨야 한다. 그렇다고 노골적인 관심을 드러내며 접근해서는 곤란하다. 여럿이 함께 있는 자리에서 자연스럽게 그녀를 웃기는 것이다.

그녀의 마음을 사로잡기 위해서는 전략이 필요하다. 사랑은 감정이지만, 그 감정을 만들고 키우는 것은 전략이다. '솜씨 좋은 매는 마지막 순간까지 발톱을 숨긴다' 는 격언이 있다. 누군가를 사랑하기에 앞서 이 격언을 한 번쯤 음미해 보는 것도 필요하다고 생각한다.

분위기가 고조된
친목회에서는
'속삭이는 전술'이 효과적

"친목회는 소란 속에 시작되어 소란 속에 끝나므로 여자를 설득할 기회가 없다."

사람들은 친목회에 대해 흔히 이렇게 이야기한다. 그러나 생각을 조금만 바꿔 보면 소란스럽기에 점찍어 둔 여자를 유혹할 수 있는 기회가 주어진다.

미국의 심리학자 머쉬가 다음과 같은 실험을 했다. 한 쌍의 남녀에게 대화할 수 있는 장소를 제공한 후 시끄러운 음악을 틀어놓았다. 그러자 두 남녀는 서로의 목소리를 듣기 위해 자연스레 거리가 가까워졌다. 이것이 실험의 전부라면 감히 심리학이라는 말을 쓸 수 없다. 머쉬 박사의 실험은 그다음부터였다. 이 실험을 통해 머쉬 박사는 다음과 같은 인간 심리를 증명하는 데 성공했다.

80dB(소리의 세기를 측정하는 단위) 이상의 소음이 느껴지면 인간은 서로의 음성을 보다 정확하게 듣기 위해 거리를 좁힌다. 그리고 좁혀진 거리

만큼 서로에 대한 매력 또한 높아진다.

이와 같은 법칙을 친목회에서도 응용할 수 있다. 친목회는 기본적으로 파티 분위기다. 다 함께 즐기기 위해 모인 것이므로 음악도 시끄럽고 혼란스럽다. 따라서 큰 소리로 이야기하지 않으면 상대방의 목소리가 들리지 않는다. 만약 그곳에서 마음에 드는 여성을 발견했다면 옆자리에 앉아 일부러 보통 목소리로 이야기를 건넨다.

"뭐라고요?"

그녀는 잘 안 들린다며 당신 쪽으로 몸을 돌릴 것이다.

"저기 그러니까…."

"잘 안 들려요."

그녀는 더욱 가까이 다가온다. 당신은 그녀의 귓가에 하고 싶은 말을 속삭인다. 그리고 더 작은 목소리로 이렇게 말한다.

"모임 끝나고 같이 나갈까요?"

그녀가 데이트 신청을 받아 줄는지는 장담할 수 없지만, 머쉬 박사의 실험 결과에 따르면 그녀와 당신의 관계는 앞으로 발전 가능성이 높다.

또 이와 같은 '속삭임' 효과를 높이기 위해서라도 친목회를 계획할 때는 시끄러운 음악과 소란스러운 분위기를 사전에 준비하는 것도 좋은 방법이다.

이메일로
호감을 얻는
방법

이메일로 마음에 드는 그녀를 설득하는 데도 기술이 필요하다. 많은 남자가 직장과 가족에 대한 불만, 과거에 사귀었던 여성을 주요 화제로 삼고 있는데, 이런 화제에 너무 익숙해져 있으면 마음에 드는 그녀를 내 곁으로 유혹하기 힘들다. 특히 인터넷 채팅이나 이메일로는 더욱 그렇다. 그렇다면 마음에 드는 여성에게 이메일을 보내 데이트 약속을 잡기 위해서는 어떤 기술이 필요할까? 이메일로 여성의 마음을 사로잡는 데 일가견이 있는 K 군은 이렇게 말한다.

"오늘 겪었던 일들을 이야기하듯 쓰고, 어떻게 생각하는지 묻는다. 상대방 여성의 답장을 유도하기 위해서다. 말로는 할 수 없는 것들도 이메일을 통해서는 예상외로 쉽게 할 수 있다. 예를 들어 데이트 신청을 하고 싶을 때는 오늘 어떤 식당에서 점심을 먹었는데 요리가 맛있더라 하면서 이메일에 식당 위치와 요리 등을 찍은 첨부파일을 함께 보낸다. 그러면 상대방 여성은 이것이 데이트 신청이라는 것을 뻔히 알면서도 '단지 식당에 대해 소개받았을 뿐이야' 라고 거부감을 덜 느끼게 된다.”

이메일을 보낼 때 주의할 것은 펜으로 편지를 쓰듯 적어 나가야 한다는 점이다.

따라서 문장에도 다분히 신경을 써야 한다. 얼굴을 마주 본 상태에서는 쑥스러울 법한 표현도 이메일을 이용하면 얼마든지 낭만적인 사랑의 메시지가 될 수 있다.

마음속의 그녀에게 당신의 애정을 전하고 싶은데 막상 만나서 이야기하자니 자신도 없고 어색하다면 이메일을 적극적으로 추천한다.

또 이메일은 여성들의 본성인 상상력과 연관이 깊다. 글은 인간의 상상력을 촉발한다. 당신의 이메일을 확인한 여성은 본능적으로 스토리를 만들 것이고, 그 남자 주인공으로 당신을 지목하게 될지도 모른다.

9장

좋아하는
사람을
사로잡는 방법

– 남자와 여자의 마지막 단계

그녀에게 '좋아' 라는 대답을 듣는 기술

플레이보이가 여성을 정복하는 테크닉 중 무조건 '예스' 라고 대답하게 만드는 방법이 있다고 한다.

'조금 걸을래요?', '차라도 한 잔 마시고 갈까요?', '시간이 남았는데 조금 더 이야기할까요?' 라는 식으로 여성이 자기도 모르게 그만 '네, 좋아요.' 하고 대답하지 않을 수 없게 하는 질문이나 제안을 하면서 상대방을 서서히 자기 페이스로 끌려 들어오게 한다.

이렇게 여성에게 여러 번 '예스' 라는 대답을 하도록 만들면 나중에 "오늘 밤 자고 갑시다."라는 말로 유혹하더라도 '노' 라는 대답을 하기 어려워지는 셈이다.

말이 쉽지 여자들이 바보냐고 따지는 사람도 있을 것이다. 그러나 명심할 것은 인간은 우리 생각처럼 대단한 동물이 아니라는 점이다. 여러 번 '예스' 라고 대답한 사람은 '노' 라는 거부 의사를 쉽게 표현하지 못한다. 그의 머릿속에 '긍정의 심리' 가 만들어졌기 때문이다. 이 같은 '긍정의 심리'를 거역하면서까지 '노'라고 대답할 수 있는 강인한 정신력은, 특히 여성들에게서 쉽게 찾아볼 수 없다.

사회학자인 스나이더와 캐닝험이 다음과 같은 실험을 했다.

전화번호부에서 무작위로 실험 대상자를 선택해 전화를 건 후 앙케트를 의뢰한다. 이때 첫 번째 그룹엔 '8개 항목의 앙케트에 대답해 주십시오'라고 부탁하고, 두 번째 그룹엔 '50개 항목의 앙케트에 대답해 주십시오'라고 부탁한다.

'8개 항목의 앙케트'에 응답한 사람은 첫 번째 그룹의 약 83%였다. 실험자는 이 첫 번째 그룹을 '긍정 집단'으로 명명했다. 앙케트 숫자가 조금 많다 싶은 '50개 항목의 앙케트'에 응답한 사람은 두 번째 그룹의 20%에 불과했고, 실험자는 이 그룹을 '부정 집단'이라고 명명했다.

그리고 본격적으로 실험했다. 실험자는 다시 한번 전화번호부에서 무작위로 실험 대상자를 선택해 전화를 걸고 앙케트를 의뢰했다. 앙케트 항목은 30개였으며, 이 세 번째 그룹 외에도 첫 번째, 두 번째 그룹에 다시 전화를 걸어 30개의 앙케트에 응해 달라고 부탁했다. 결과는 어떻게 나왔을까?

처음 실험에 참여한 세 번째 그룹에서 '예스'라고 응답한 사람은 전체의 33%였다.

이에 비해 '부정 집단'으로 명명된 두 번째 그룹에서는 15%만이 앙케트에 참여했다.

또한 '긍정 집단'으로 명명된 첫 번째 그룹에서는 77%가 이번에도 앙케트에 참여했다.

처음부터 '노'라고 반응한 사람은 그다음 질문과 상황에도 부정적인 태도를 보일 확률이 높다. 반대로 처음부터 '예스'라고 반응한 사람은 그다음 질문과 상황에 상관없이 '예스'라는 반응을 보일 확률이 높다.

이성 관계뿐 아니라 비즈니스에서도 이와 같은 심리를 적절히 이용할 줄 알아야 한다. 상대측과 대립적인 입장에서 교섭을 진행할 경우 여간해선 타협이 어렵다. 그렇다고 상대측이 원하는 대로 끌려다닐 수도 없는 노릇이다. 이때는 작은 부분, 즉 보잘것없는 항목부터 상대방의 '예스'를 끌어내도록 한다. 그것이 요령이다.

이렇게 계속 상대방의 입장을 '예스'로 몰고 가면 결정적인 고비에서도 상대방은 쉽게 '노'라고 외치지 못한다.

최후의 순간을
받아들이게 하는
설득의 비책

세상에는 마지막 단계에서 실패하는 남자들이 꽤 많다. 그 이유는 뻔하다. '조바심' 때문이다.

인간관계가 그렇듯이 연애에서도 상대방 처지에서 생각해 보려는 자세가 필요하다. '내가 그녀라면?' 이라는 질문을 자기 자신에게 던져 봐야 한다.

대화도 하지 않고, 분위기도 연출하지 않고 다짜고짜 '같이 자자' 라고 달려드는 남자를 받아 줄 여자는 세상에 거의 없다.

남자는 '여자도 인간이다. 나처럼 성욕이 있다. 부끄러워서 거부하는 것이다' 라고 생각하는데, 이는 여성을 이해하지 못한 데서 비롯되는 무지한 행동이다.

물론 여성도 인간이다. 당연히 성욕이 있다. 게다가 여성의 성욕은 바다처럼 넓고 깊다.

그러나 이와 같은 욕구에 대한 접근이 남자와 조금 다르다. 섹스만 해도 여자가 느끼는 무게는 전혀 다르다.

침입자와 침입당하는 자 중에서 피해의식은 침입당하는 자가 훨씬 크다. 섹스도 다를 바 없다. 여자에겐 남자보다 더 큰 각오가 필요하다.

사랑하는 그녀에게 환희를 안기고 싶다면 생각할 시간을 줘야 한다. 남자는 결코 침입자가 아니라는 점을 인식시켜야 한다.

그녀와 함께 밤을 보내고 싶다면 먼저 그녀가 자발적으로 동참할 수 있는 상황을 연출해야 한다. 이것이 설득이다. 섹스는 여성들에게 물건을 파는 것과도 같다. 망설이는 그녀에게 이 상품이 필요하다는 사실을 주지시킬 수 있어야 한다. 판매의 달인으로 불리는 B 군은 여성들을 대상으로 한 판매전략을 다음과 같이 소개했다.

"기본적인 포인트는 '제발 하나만 사 주세요' 라는 말을 해서는 안 된다는 점입니다. 표정으로도 '하나만 사줬으면' 하는 내색을 보여서는 곤란합니다. '필요하지 않다면 할 수 없습니다' 라는 자세로 판매해야 합니다."

만약 당신이 부엌칼을 판매하는 세일즈맨이라면 이렇게 접근하는 것이다.

"이 부엌칼은 시중의 다른 칼과 비교했을 때 성능이 뛰어납니다. 단단한 생선 뼈도 한 번에 토막 낼 수 있습니다. 하지만 생선은 비린내도 나고 하니까 일단 전기 코드를 잘라보겠습니다. 자, 한 번 보세요. 생선 뼈보다 단단한 전기 코드가 한 번에 잘렸죠?"

무슨 일이 있어도 '하나만 사 주세요' 라는 말은 하지 않는다. 왜냐하면, 이미 상대방도 나의 저의를 알고 있기 때문이다. '사 달라고 부탁하지 않겠다. 하지만 당신이 원한다면 얼마든지 팔 수 있다' 라는 자신감을 보여 줘야 한다.

인간은 누구나 강요당했다고 느껴질 때 반발하는 심리가 출현한다. 그러므로 물건을 팔 때도, 여자 친구와 데이트를 할 때도 자신이 원하는 것을 집요하게 물고 늘어져서는 곤란하다. 설득은 일방통행이 아니다. 그 사람을 설득하고 싶다면 그 사람이 설득당하고 싶다는 생각을 하게끔 만들어야 한다. 그러기 위해서는 상대방에게 충분한 여유를 제공하는 것이 필요하다.

그녀에게
기쁨을 주는
완벽한 데이트 전략

지금까지는 심리학에서 많은 도움을 받았다. 이번에는 각도를 조금 바꿔 보기로 한다. 심리학이 아닌 뇌 과학의 도움을 빌리는 것이다. 그녀와 함께 호텔 로비에 들어서는 데 성공했다고 가정하자. 먼저 저녁 식사부터 해야 할까, 아니면 방으로 올라가야 할까? 대부분의 남성이 배부터 채우려고 할 것이다. "배가 고픈데 무슨 섹스냐?"라고 생각하기 때문이다. 그래서 많은 남자가 그게 법인 양 근사한 곳에서 식사하고 호텔로 옮기는 코스를 선택한다.

그런데 뇌 과학의 해석에 따르면 이와 같은 코스는 기피사항이다.

남성과 여성의 뇌는 기본적으로 시스템이 다르다. 남성의 성욕은 배뇌측핵(背腦側核)이라는 곳에서 관리된다. 반면 여성의 성욕을 관리하는 곳은 배뇌측핵만이 아니다. 복뇌측핵(腹腦側核)과 연합해서 성욕을 조절한다.

복뇌측핵의 주요 임무는 배가 부를 때 더 이상 먹으면 안 된다고 제어

하는 '만복중추(滿腹中樞)'이다. 즉, 여성은 배가 부르면 복뇌측핵이 억제 명령을 발하는데, 식욕뿐 아니라 성욕도 이와 같은 억제 명령을 따르게 된다.

이쯤 되면 눈치 빠른 독자들은 고개를 끄덕일 것이다. 기회는 복뇌측핵이 성욕 억제 명령을 내리지 않는 '공복상태'일 때 찾아온다.

이밖에도 여성의 성욕을 좌우하는 곳은 매우 다양하다. 의사 표현과 사고는 전두엽이 관리하고, 본능과 감정은 대뇌변연계(大腦辨緣系)라는 부위가 관리한다.

만약 당신이 분위기에 능하고, 여성이 듣고 싶어 하는 말을 얼마든지 표현할 수 있는 남자라면 '배가 부른 여성'을 침대로 유인하는 것도 어렵게 생각하지 않을 것이다.

그러나 당신이 분위기에 약하고, 여성이 듣고 싶어 하는 말을 단 한마디도 할 줄 모르는 남자라면 저녁 식사 후에 고대했던 낭만은 여성의 복뇌측핵이 억제 명령을 해지할 때까지 기다려야 할 것이다.

오늘을
'특별한 날'로
연출하라

《작은 사슴》이라는 소설이 있다. 소설의 주인공은 어느 개척자 가족이다. 개척자라는 신분은 가난하고 고통스럽다. 가족은 아버지, 어머니, 아들, 이렇게 세 식구다. 가난에서 벗어나고자 어머니는 제대로 머리를 손질할 여유도 없다. 늘 같은 옷을 입고 열심히 일한다. 그래도 지금껏 불만을 토로한 적은 없다. 새로운 삶을 향한 희망이 있기 때문이다.

남편도 '나 때문에 당신이 고생하는구려', '아무것도 사 주지 못해서 미안해'와 같은 말을 입에 올리지 않는다. 개척자의 아내에겐 그런 말이 모욕이라고 생각하는 남자다. 그래도 가슴 한편에서는 아내에게 늘 미안한 마음을 간직하고 있다.

그러던 어느 날, 잡화점에 물건을 사러 갔다. 그곳에서 남편은 오래전부터 계획했던 것을 실행했다. 용돈을 몽땅 털어 아내에게 드레스를 사 준 것이다.

"오늘은 특별한 날이니까 당신에게 선물해야겠어."

그러자 아내는 "내가 언제 드레스가 입고 싶댔어요?" 하고 남편을 탓하면서도 흐르는 눈물을 참지 못한다.

어렸을 때 《작은 사슴》이라는 책을 읽었는데, 그때도 아내의 기쁨이 어느 정도인지 알 것 같았다. 그녀야말로 세상에서 가장 행복한 아내일 것 같았다.

이 소설을 언급한 이유는 '진실'이 담겨 있기 때문이다. 여성은 사치스런 선물 공세보다 '특별'이라는 감각에 약하다는 점이다.

'특별'을 연출하는 것은 그리 어려운 작업이 아니다. 생일이라든가 크리스마스 등 모두가 따라 하는 기념일을 제외한 당신만의 기념일을 만든다. 처음 데이트를 한 날도 괜찮고, 그녀가 업무에서 한가해진 날도 괜찮다. 그리고 멋진 식당으로 초대해,

"오늘은 특별한 날이니까." 라고 말하면서 고급 와인이라도 주문하면 이 뜻밖의 선물에 그녀는 감동하게 될 것이다.

한 가지 명심할 것은 '특별'의 효과를 극대화하고 싶다면 평소에 '특별'을 내세워서는 안 된다는 점이다. 평소에는 이벤트를 싫어하는 남자, 기념일이라면 질색하는 남자로 자신을 가장한 후 이 '특별'이라는 카드를 꺼내야 한다.

어두운 곳에서
설득하라

번화가 등에는 참으로 멋진 바(Bar)와 식당들이 많다. 분위기가 좋다고 소문난 곳일수록 실내가 어두컴컴하다. 게다가 '단둘이 대화할 수 있는' 구조로 되어 있다.

'어두컴컴한 2인용 방이 딸린 술집'에서 첫 번째 데이트를 즐기는 남성은 거의 없다. 하지만 '오늘 밤이야말로…'라고 생각한다면 이야기는 다르다. '조명이 어두운 장소'는 여성을 설득하는 데 최고의 무대다. 인간은 '어두컴컴한 곳'에서 긴장이 풀리는 본능이 있다.

그 이유가 대체 뭘까. 상식적으로 생각해 본다면 분위기도 묘하고, 조명도 어둡고, 다른 사람의 방해도 없이 단둘이 마주 볼 수 있는 장소야말로 여성들을 긴장시키기에 적당한 곳으로 생각되는데….

미국에서 다음과 같은 실험을 했다. 커플들을 두 그룹으로 나눈 후 분위기가 서로 다른 방에서 한 시간씩 지내도록 한다. 한쪽은 '조명이 밝은 방'이고, 또 한쪽은 '조명이 어두운 방'이다.

실험 결과는 명확했다. '조명이 밝은 방'에 있던 커플들은 공원에 모인 것처럼 둥그렇게 앉아 일상적인 이야기들로 일관했다. 반면에 '조명이 어두운 방'에 있던 커플들은 연인들끼리 할 수 있는 대담한 행동에 열중했다.

이 실험을 통해 인간은 '어두컴컴한 곳'에서 억제심리가 제거된다는 점을 알게 되었다. 상대방의 얼굴이 잘 보이지 않고, 자기 얼굴도 분명하게 보이지 않는 조건이 주어지면 인간은 자신을 드러내야 한다는 불안감에서 해방된다. 이는 가면을 쓰는 것과 비슷한 효과를 나타내는데, 서로의 행동이나 표정이 어둠에 감춰진다는 생각이 가면을 썼을 때와 비슷한 심리 상태로 만드는 것이다.

어두컴컴한 실내가 효과적임을 과학이 증명했다. 그녀를 설득하고 싶다면 '어두컴컴한 장소'로 불러낸 후 용기를 내어 다가서야 한다. 문제는 남성 자신이다. 대부분의 남자는 '어두컴컴한 곳으로 데려가면 여자들이 나를 이상한 놈으로 볼 것 같다'라는 막연한 고정관념을 지니고 있다. 이 고정관념에서 탈피하지 못하는 한, 기회는 주어지지 않는다.

애정이란 한 여자를 내 것으로 만들려는 야만스러운 감정에서 비롯된다. 그 감정을 남자가 말하지 않아도 여자는 처음부터 알고 있다. 따라서 당신에게 마음이 있는 여자라면 '어두컴컴한 장소'를 거부하지 않을 것이다. 당신과 단둘이 어둑어둑한 곳에 머무는 것을 거부한다면 당신에게 아무런 감정이 없다는 뜻이므로 처음부터 다시 시작하는 게 빠를 것이다.

'옆'에서
설득하라

길을 걷고 있을 때 맞은편에서 사람이 다가올 경우 3m 이내로 접근한 단계부터 위험을 느낀다고 한다. 만약 거리가 1.5m 이내로 좁혀졌을 때는 자신이 먼저 진로를 바꾼다. 이때 상대방이 나를 향해 방향을 바꾸면 방어적인 태세가 된다.

그런데 이상한 것은 정면이 아닌 옆으로 다가오는 낯선 타인에겐 그다지 위협감을 느끼지 못한다는 점이다.

에드워드 홀이라는 학자가 이와 같은 불가사의를 연구한 후 '공간 영역'이라는 학설을 제창했다. 그 학설에 의하면 인간이 '위협'을 느끼는 '공간 영역'은 전방 1m 20cm 이내였고, 좌우(옆)는 고작 45cm 이내였다.

소매치기들은 언제나 측면을 공략한다. 직감적으로 인간의 '공간 영역'을 분별하고 있다.

심리학에서는 인간의 측면을 '정적 공간'이라고 말한다. 쉽게 말해 연인이나 친구들처럼 친밀한 사람들에게 허락해 주는 공간이다.

바(bar)의 카운터 자리는 바텐더를 바라보며 손님들이 옆으로 앉게 되어 있다. 따라서 낯선 사람들끼리도 공간적, 또는 정적으로 쉽게 마음을 터놓고 이야기할 수 있다. 첫 번째 데이트라면 이런 바처럼 자연스럽게 옆자리에 앉을 수 있는 곳을 선택하는 것도 좋은 방법이다.

'공간 영역'의 이론에 따라 그녀는 당신에게서 압박이나 경계해야 할 이유를 찾지 못하게 될 것이다. 또 '정적 영역'의 이론에 따라 두 사람은 친밀한 대화를 나눌 수 있을 것이다.

술에 취한 그녀에겐
사소한 칭찬도
쾌감이다

사람이 술에 취하면 자신의 정체도, 상대방의 정체도 분명치 않다. '어두컴컴한 방에 단둘이 있는 기분' 이 되는 셈이다. '정신없이 취했다' 라는 것은 내가 누구인지조차 모르게 된 상태다. 이보다 '약간 덜 취했다' 라는 것은 내 앞에 앉아 있는 상대방의 '정체가 희미해진' 상태다. 이때도 중요한 것은 균형이다. 완전히 취해 버리면 설득은커녕, 집에 돌려보내는 것이 우선이다.

'약간 취한' 상태는, 감정은 고조되는 반면에 가치판단은 조금 둔해진 상태다. 남들 다 아는 농담이 난생처음 듣는 이야기 같고, 그냥 넘어갈 수도 있는 문제에 미친 듯이 화를 낸다. 그리고 속이 뻔히 들여다보이는 칭찬에 감동한다.

정상적인 의식에서는 그렇게 웃을 일이 아니다, 그렇게 화를 낼 일이 아니다, 그렇게 감동할 일이 아니다. 라고 판단할 수 있지만, 술기운에는 그와 같은 정상적인 가치판단이 불가능하다.

그녀의 마음을 사로잡고 싶다면 '적당하게 취기가 오른' 그녀의 마음부터 사로잡아 보자. "눈이 정말 예쁘네요.", "웃는 모습이 천사 같아요."라는 칭찬을 대낮에 했다면 웃음거리가 되거나, 이상한 눈으로 쳐다보았을지도 모른다.

그러나 '적당하게 취기'가 올랐을 때는 드라마를 패러디한 것 같은 이런 대사에도 쉽게 빠져들게 된다. 속내가 들여다보이는 남자의 대사에 드라마 속 여주인공이 된 것 같은 착각에 사로잡히는 것이다.

그렇다면 술이 깬 이튿날엔 어떻게 될까. 어제 있었던 일들을 생각하며 속으로 마구 비웃지는 않을까? 그럴 염려는 하지 않아도 된다. 왜냐하면, 그녀의 기억 속에 남은 것은 당신이 던졌던 시기 어린 대사가 아니라 그 당시 느꼈던 기분 좋은 감정뿐이기 때문이다.

여성들이 TV 드라마에 집착하는 이유는 드라마엔 비일상적인 매력이 있기 때문이다. 그녀들의 현실은 일상적이고, 예의 바르며, 정도에서 벗어나지 않는다. 그러나 이와 같은 '세련된 현실'이 실은 여자들에게 비일상적인 낭만을 꿈꾸게 하는 주범이다. 사랑하는 그녀를 위해서라도 가끔은 드라마를 찍을 필요가 있다. 그 최적의 시기는 바로 그녀가 기분 좋게 취해 있을 때이다.

섹시한 이미지로
그녀를 함락시키는
테크닉

맛있는 음식 이야기를 들으면 배가 고프지 않더라도 식욕이 생긴다. 마찬가지로 '섹시한 이미지'가 연상되면 성욕이 증대된다. 이 효과에 대해서는 남자와 여자의 차이가 거의 없다. 많은 남성이 신사적임을 가장하여 상대방 여성을 안심시키려고 노력한다. 그들은 섣불리 '섹시한 이미지'를 추구했다간 상황이 더 악화한다고 믿는다. 여자에게 오해를 살수 있다는 것이다. 그러나 '섹시한 이미지'는 어떻게 사용하느냐에 따라 두 사람의 거리를 더욱 친밀하게 만들어 주는 윤활유 역할을 한다. 또 남자들이 걱정하는 것과 달리 신사적임을 강조하는 동시에 '섹시한 이미지'를 활용할 수 있다. 그 예를 한번 들어보기로 하자.

"영화 《트로이》 봤지? 브래드 피트의 팔 근육은 정말 대단한 것 같아. 역시 슬립한 갑옷을 입은 이유가 있었어."

"맞아, 내 다리보다 더 두꺼웠던 것 같아."

이때 남자는 소매를 걷어 여성에게 팔을 보여 준다.

"내 팔하고 정말 비교되지? 근육은 고사하고 여자처럼 매끄러워. 예전에 마그리트 뒤라스의 《연인》이란 소설을 읽었거든. 그 소설을 보면 여주인공이 이런 말을 해. '내 연인은 중국인답게 비단처럼 부드러운 살결을 가지고 있었다. 나는 재수가 좋았다고 생각했다'"

"그런 것 때문에 재수가 좋았다니…. 재미있네."

"넌 어때? 근육질과 비단 중에 어느 쪽이 더 좋아?"

"난 다 괜찮은 것 같은데."

"정말? 다행이다. 학교 다닐 때 사귀었던 애가 다른 건 몰라도 피부는 정말 좋다고 했거든."

이 말을 들은 상대방 여성은 자기도 모르게 '기분이 좋아지는 부드러운 남자의 피부'를 연상했을 것이다. "적당하게 구워진 뱀장어를 입에 넣었을 때 그 부드러운 촉감은 말로 설명할 수가 없어."라는 말을 듣고 자기도 모르게 침을 삼키는 것과 같은 이치다. 특히 남자를 어느 정도 경험한 여자라면 그 효과는 더욱 극대화될 것이다.

두 사람을
가깝게 만드는
터치의 기술

'섹시한 이미지'를 환기한 후 다음 단계로 넘어가지 못하면 상황은 다시 원상 복귀된다. 말 그대로 헛수고다.

'섹시한 이미지'를 어떻게 살렸느냐에 따라 스스럼없이 그녀와 신체적으로 접촉할 기회가 주어지기도 한다. 예를 들어 앞서 '피부 이야기'가 끝났다면 다음 단계로 넘어가는 것이다.

"내 말이 거짓말 같아? 그럼 직접 한번 만져 봐."

그러면서 남자는 여자에게 뺨을 내민다. 뺨을 만지는 것 정도라면 그리 부담스러울 것도 없다. 그녀도 분위기는 깨고 싶지 않다. 그녀는 집게 손가락으로 당신의 뺨을 살짝 찔러 본다. 지금까지의 흐름을 보면 그렇게 하지 않을 수 없다. 마술사가 '카드를 한 장 빼 보세요'라고 말했을 때 '싫어요'라고 대답할 수 있는 관객은 거의 없다.

"정말이네. 남자 피부 같지 않게 부드러워. 피부가 탱탱해서 더 부드러운 것 같아. 남자들이 여자처럼 화장하지 않아도 되는 이유를 알 것 같

아. 원래 피부가 단단해서 손질이 필요 없었던 거야."

이번엔 당신 차례다.

"그래도 여자들처럼 섬세하진 않지. 나도 한번 만져 볼래."

이렇게 말하면서 집게손가락으로 그녀의 뺨을 살짝 누른다.

"아, 역시…. 여자 피부는 얇은 비단 같아."

상황이 이렇게 진전되면 당신의 목적은 거의 달성된 것이나 다름없다. 이미 그녀는 호텔 소파에서 당신과 함께 나란히 앉은 것 같은 착각에 빠진다.

서로 조금씩 터치하면서 사이를 좁히는 것은 치과의사가 '아프지 않지?' 라고 물어보면서 어린 소년의 충치를 빼는 것과 비슷하다. 상대방이 거절하지 못하도록 상황을 연출하고, 부담스럽지 않을 속도로 두 사람의 거리를 서서히 좁혀 나가는 것이다.

평소 이런 방법으로 서로에게 익숙해지는 것도 생각해 볼 수 있다. '요새 몸이 좀 마른 것 같아?' 라면서 어깨를 쓰다듬거나, '나랑 손금이 비슷하네' 라고 말하면서 손을 어루만지는 식이다.

텔레비전 광고 중에 상품을 구체적으로 설명하는 경우는 거의 없다. 중요한 것은 머릿속에 심어진 이미지다. 그 이미지가 현실에 나타나는 것만으로도 충분하다.

이와 마찬가지로 그녀가 나의 작은 손길에 익숙해지면 정말 중요한 순간도 자연스럽게 받아들여진다.

키스 후의
매너를 보여라

'어디까지 진도가 나갔을 때 섹스를 떠올리는가'라고 남자들에게 물으면 열 명 중 아홉은 '키스'라고 대답한다. 즉, 남자들의 머릿속엔 '키스 = 섹스의 허락'이라는 공식이 자리 잡고 있는 셈이다.

물론 "호텔에 들어갔을 때"라는 현실론을 이야기하는 남자도 있다. 그러나 이런 남자는 극소수에 불과하고, 다수의 남자가 '키스는 호텔로 직행하는 열차표'라는 생각을 떨쳐 버리지 못하고 있다.

만약 이 책을 읽는 남성 독자 중 '키스 = 섹스'라고 확신하는 사람이 있다면 지금 당장 개념을 수정하는 것이 좋겠다. 여자들이 생각하는 '키스'는 '섹스'라는 본론과 동떨어진 단편소설에 불과하기 때문이다. 그녀들에게 키스는 나름대로 매력을 갖춘 완결된 드라마다.

여성들은 '키스의 추억'을 소중히 여기려는 경향이 있다. 또 간혹 '섹스의 추억'이 좋지 못한 탓에 '키스의 추억'만을 간직하려는 여성도 있다.

달콤한 레몬 맛이 감돌던 키스의 기억을 섹스라는 현실로 무너뜨리고 싶지 않다고 생각하는 것이다.

어떤 의미에서 키스는 여성들에게 마침표가 될 수도 있다. 남자들이 기대하는 것 같은 호텔행 열차표가 아닌, 사랑의 최종 종점인 셈이다.

실제로 키스 후 그녀의 태도가 갑자기 냉랭해져 당황했다는 남자들의 증언을 여러 번 접했다. 그 원인을 하나씩 찾아보면 키스를 완결된 드라마로 생각하는 여성에게도 이유가 있지만, 가장 큰 원인은 '그녀와 키스를 했다. 이제 호텔로 가야 한다'라는 망상을 마음껏 펼치는 남자들의 태도에 더 큰 문제가 있다고 하겠다.

그녀와의 키스를 함께 즐기는 시간으로 만들 작정이라면 키스 후의 태도가 중요하다는 것을 명심해야 한다. 여자들은 '이 사람과 함께 보내는 시간은 달콤할 것이다'라는 가설을 확인하고 싶어 한다. 따라서 그녀에게 '성의'를 보여 줘야만 한다.

그렇다면 여자들이 섹스에 앞서 확인하고 싶어 하는 '성의'란 뭘까? 간단하게 말해 '상처받고 싶지 않다'라는 여자의 마음을 이해해 주는 태도이다.

키스 후 허겁지겁 다음 단계로 넘어가는 게 아니라 그녀를 어떻게 생각하고 있는지 구체적으로 말해 줬을 때 진도는 더욱 빨라진다.

이때 그녀에게 들려줘야 할 이야기는 호텔로 가자는 말이 아니다. 섹스가 아닌 사랑을 이야기해야 한다. 대신 조금 대범하게 이야기해도 괜찮다. 왜냐하면, 그녀도 키스에 협조했기 때문이다.

구체적인 사랑을 이야기할 기회로서는 키스 후가 최고다. 서로 간에 얼마든지 감정을 표현할 수 있다. 여자가 원하는 것은 단순한 섹스가 아

니다. 섹스로 이어지기까지의 드라마다. 그녀를 사랑한다면 그녀가 원하
는 대로 행동해 주는 것이 남자로서의 매너다.

미지근한 그녀를 달아오르게 하는 방법

연애학의 달인으로 불리는 요시유키 준노스케가 얼마 전 《연애론》이라는 책을 출간했다. 그 책에서 요시유키는 다음과 같이 주장했다.

"(여성에겐)남성의 매력에 이끌려 '나도 모르는 사이에 반해 버렸다'라는 변명이 필요하다. 이 변명은 상대 남성이 아닌 자신의 뜻을 위한 변명이다."

"(여성의)가슴속에도 욕망이 있다. 그러나 여성들은 이 욕망을 꺼내기를 주저한다. 왜냐하면, 그녀들의 욕망은 다분히 수동적이기 때문이다. 매너를 갖춘 남자라면 상대 여성의 수동적인 욕망을 대신 꺼내 줄 수 있어야 한다."

연애의 대가다운 간단명료한 표현이다. 그러나 연애 초보자들로서는 무슨 말인지 쉽게 이해가 안 되는 것도 사실이다. 그런 분들을 위해 간략하게 다시 해석해 보기로 한다.

"여자는 자신의 성욕을 남자에게 보이고 싶어 하지 않는다. '나도 섹

248

스하고 싶어'라는 말을 못하는 것이다. 여자들은 많은 남자로부터 항상 유혹당하고 있다는 상황을 꿈꾼다. 남자들의 유혹은 그녀의 프라이드다. 따라서 한 남자에게 반했을 때도 '그가 나를 유혹했어'라는 변명을 준비하는 것이다. 즉, 남자는 그녀가 스스로에게 '변명'할 수 있는 상황을 만들어 줘야 한다."

서른두 살의 CF 감독이 데이트 중 복통을 일으켰다. 병원까지 갈 수 없을 만큼 심한 고통이었다. 당황한 그녀에게 감독은 "한 시간만 누워 있으면 진정될 것 같다."라고 말했다. 그러면서 골목 뒤편의 호텔을 가리켰다. 하는 수 없이 그녀는 감독을 부축해 호텔로 들어섰다. 정확히 한 시간 만에 복통에서 회복된 CF 감독은 나머지 한 시간을 그녀와 함께 보냈다.

누구나 알 수 있듯이 복통은 꾀병이었다. 상대 여성도 당연히 알고 있었다. 하지만 그 여성은 속으로 배를 움켜쥐고 얼굴이 노랗게 변한 감독에게 고마워했을 것이다.

왜냐하면, 그의 리얼한 연기 덕분에 '내가 그와 함께 호텔에 간 것은 그가 매우 아파서'라고 자신에게 변명할 수 있었기 때문이다.

심리학에서는 이와 같은 수동적인 태도를 'Because 법칙'이라고 부른다. 인간은 'Because'를 통해 문제가 되는 상황을 선뜻 이해해 버린다. 앞서 예로 든 바와 같이 복사기 앞에서 기다리고 있는 사람에게 '미안합니다. 좀 급해서 그래요'라고 이유를 설명하면 새치기나 다름없음에도 불구하고 '그러세요, 먼저 쓰세요'라고 대답해 버리는 것이다. "안 돼요. 나도 급하단 말이에요."라고 '반사적'으로 자신의 권리를 지키는 것은 어지간한 자의식이 아니고서는 불가능하다.

따라서 그녀와의 관계를 더욱 깊게 변화시키고 싶다면 그녀에게 변명거리를 제공해야 한다.

　그 변명거리가 꼭 꾀병이어야 할 이유는 없다. '노래방'에 가는 것도 좋은 핑계거리가 된다. 당신이 노래방에 가자고 말하면 그녀가 알아서 '저 사람은 단지 노래방에 가자는 것뿐이야'라고 스스로에게 변명할 것이다.

그녀에게
'생각할 시간'을 줘라

남자들의 착각 중 하나가 '연애의 주도권은 남자에게 있다'라는 생각이다. 남자가 주도하지 않으면 원하는 관계까지 도달할 수 없다는 자세다. 만약 남자들의 이와 같은 생각이 육체적 결합에까지 미치고 있다면 조만간 그 생각을 바꿔야 할 것이다.

육체적 결합뿐이라면 절대적 주도권은 여성의 몫이다. 마지막 단계에서 여성이 허락하지 않으면 육체적 결합은 불가능하다. 만약 남성이 끝까지 포기 못한다면 이는 '강간'이 된다. 다시 말해 여자가 스스로 '예스'라는 신호를 보내지 않는 이상, 남자가 할 수 있는 것은 아무것도 없다.

이와 같은 관계는 세일즈맨과 고객의 관계와 유사하다. 세일즈맨이라는 직업은 고객에게 물건을 파는 사람이 아니다. '고객으로 하여금 그 물건을 사고 싶게 만드는' 직업이다. 고객이 스스로 사겠다는 의지를 표명하지 않는 한, 제아무리 유능한 세일즈맨이라고 할지라도 단 한 개의 상품도 판매할 수 없다. 그래서 세일즈맨은 상품을 팔기에 앞서 고객들에게 생각할 '여유'를 주는 것이다.

"이 보험은 지급액이 낮은 대신 매달 내셔야 할 보험료가 저렴합니다. 요즘은 많은 분이 보험료가 싼 상품을 찾고 계십니다…."

여기까지 설명한 후 고객에게 스스로 결정할 시간을 제공해야 한다. 잠자코 고객의 표정을 살피면서 '이 상품에 대해 어떻게 생각하시는지요?'라고 질문을 던진다. 이런 질문을 통해 고객은 여유를 갖게 된다. 앞서 몇 차례 언급했지만, 인간은 본능적으로 '강요'를 싫어한다. 반대로 자기 자신이 내린 결정은 쉽게 번복하지 않는다. 결과가 나쁘더라도 후회하지 않는다. 그녀와의 사이에서도 마찬가지다. 마지막 관문을 통과하고 싶다면 그녀 스스로 '예스'라고 대답하게끔 여유를 가져야 한다.

연애는 백이냐, 흑이냐를 따지는 문제가 아니다. 연애는 남자와 여자가 감정이라는 상품을 가운데 두고 흥정을 벌이는 일종의 비즈니스다. 비즈니스인 만큼 손해와 이익이 있다. 중요한 것은 상대방에게 '손해 봤다'라는 생각을 주지 않는 것이다. 물론 여자들은 남자와의 관계에 앞서 스스로에게 '변명'을 해야 한다. 그러므로 적당한 '변명거리'와 '내가 결정했다'라는 자의식의 만족을 동시에 충족시켜 줘야 한다. 그래서 연애는 힘든 것이다.

사람의 마음을 얻는 기술

그녀가 보내는
'사인'을
놓치지 마라

바보 같은 남자가 있었다. 그가 어느 날 친구에게, "좋아하는 아가씨가 생겼어. 나랑 같이 한번 만나 볼래?" 하고 말했다. 그래서 친구는 몰래 두 사람이 만나기로 약속한 바를 찾아갔다. 이 바보 같은 남자의 마음을 사로잡은 아가씨는 유명 여배우를 닮은 매우 발랄한 모습을 하고 있었다.

바보 같은 남자는 올해 29세로 전자회사에 근무하고 있었다. 편의상 그를 A라고 부르자. A는 그녀가 나타나자마자 안절부절못했다. 완전히 반한 모양이었다. 야구장에 갔다가 우연히 만났다고 한다. 여배우를 닮은 그 아가씨가 A의 옆자리에 앉았다. A가 반갑게 인사하며 손을 내밀자 아가씨도 싫지 않은 듯 손을 잡았다. 바에서 나올 때까지 두 사람은 손을 꼭 붙잡고 있었다.

"분위기 좋던데 뭐가 문제야?"

다음 날 친구는 A에게 말했다. 그러자 A는 손을 내저으며 이렇게 말했다.

"어제가 두 번째 데이트였어. 손을 잡은 건 첫 번째 데이트 때부터였어. 그런데 내가 연락하지 않는 한, 그녀는 내게 전화 한 통 없어. 문자 메시지를 보내도 답장을 안 보낼 때가 있어. 가끔은 내 전화도 안 받곤 해."

A가 '바보 같은 남자'로 낙인찍힌 것은 바로 이때부터였다.

연애에 빠진 남자들은 여자들이 보내는 '사인'에 민감하다. 그런데 이 '사인'이란 문자 메시지 같은 게 아니다. 함께 손을 잡는 것 같은 신체적인 접촉이야말로 남자들이 알아차려야 할 진짜 '사인'이다.

이 경우 그녀는 A의 손을 잡아줬다. 즉, 그녀 또한 A가 싫지 않은 것이다. 이것이 '사인'이 아니라면 대체 A라는 남자는 어떤 '사인'을 원하는 것인가.

연애에도 '직감'이란 게 필요하다. 직감이란 쉽게 말해 '자신에게 찾아온 기회를 꿰뚫어 보는 능력'을 말한다.

인생을 살다 보면 기회는 오기 마련이다. 문제는 그것이 기회인지, 아닌지를 분별하는 '직감'이다. 그런 능력이 없다면 수백 번의 기회가 찾아와도 허사다.

'노'와
예스인 '노'를
구별하는 방법

남성들이 가장 의아하게 생각하는 것은 여성과 깊은 관계까지 진전되었을 때 여성들이 왜 갑자기 싫다면서 거부하느냐는 점이다. 겉으로 보기에는 그녀도 나를 좋아하고, 지금의 분위기를 내심 기대했던 것 같은데 계속 몸을 밀쳐낸다. 물론 연애 경험이 쌓이면서 이와 같은 의구심은 점차 희미해진다. '처음엔 다들 그렇게 이야기하지'라며 상대방의 상황을 이해하는 것이다. 그래서 '좋으면서 왜 자꾸 싫다고 하는 거야'라고 화를 내지도 않게 된다.

그 때문인지 많은 남성이 여자의 '노'라는 표현을 '예스'로 받아들이곤 한다. '속으론 좋으면서 겉으론 싫다고 말하는 게 여자'라는 인식이 은연중에 각인된 것이다. 상황이 이렇다 보니 여자는 정말 싫어서 '노'라는 사인을 보내는데도 남자는 계속 '예스'로 받아들이는 경우가 발생하곤 한다.

"오늘은 그냥 마지막 전철 타고 갈래."

"오랜만에 만났는데 그게 무슨 소리야. 평소에는 택시 타고 들어 갔잖아."

"오늘은 안 돼. 내일 아침 중요한 회의가 있어. 일찍 자야 해."

"걱정하지 마. 내일 아침에 늦지 않게 해 줄게."

위의 상황은 어떤 각도에서 보더라도 여성의 입장은 분명한 '노' 다. 그런데도 남자는 계속 '예스' 로 받아들이고 있다. 자칫했다간 이 일로 두 사람의 관계가 나빠질 염려도 있다.

하지만 '속으론 좋으면서 겉으론 싫다는 게 여자' 라는 남자의 인식은 때에 따라서 정확한 판단이기도 하다. 그래서 연애는 더욱 복잡해진다. 게다가 이 두 가지 상황을 분별하기란 여간 힘든 일이 아니다. 연애 자체 에 넌더리가 날 지경이다. 하지만 이런 사소한 일에 넌더리를 느꼈다간 평생토록 연애다운 연애를 하지 못할 수도 있다. 노' 라고는 했지만 실은 '예스' 인 경우인지 확인하려면 여성에게 직접적인 스킨십으로 다가가 보는 수밖에 없다. 엉덩이나 가슴을 만지라는 뜻이 아니다. 어깨에 가볍 게 손을 얹거나, 손을 잡으면서 상대방의 생리적 센서가 어떻게 반응하 는지 확인하라는 이야기다.

만약 여성이 어깨에 두른 손을 뿌리친다면 생리적 센서의 반응도 '노' 가 맞다. 반면에 어깨에 손을 얹었더니 고개를 살포시 기대어 온다 면 생리적 반응은 '예스' 다.

괜히 상황을 잘못 파악해 모든 것을 수포로 돌리지 않으려면 돌다리 도 두들기고 건너는 집중력과 인내심이 필요하다는 것을 반드시 기억하 기 바란다.

직접적인 표현을 자제하라

나름대로 연애 경험이 풍부하다고 자부하는 여성(32세. 화장품 회사 근무)과 여성들이 생각하는 연애의 진실에 관해 이야기를 나눈 적이 있다.

"'너를 안고 싶다'라는 말이 여성의 프라이드를 자극한다고 생각하는데, 실제로 여성들은 어떻게 생각하나요?"

"맞는 말이라고 생각해요. 하지만 이런 낡은 대사가 먹히려면 어느 정도 상황이 무르익어야 해요. 남자들은 앞뒤 가리지 않고 그런 말을 쓰지만, 여자는 조금 달라요. 여자 쪽에서도 남자가 마음에 들어야 해요. 그렇지 않다면 이런 말을 아무리 많이 해도 다 헛수고예요. 여자가 남자의 직접적인 표현에 끌리려면 남자가 매력적이어야 해요."

"그럼 여성이 상대방 남성에게 성적으로 전혀 끌리고 있지 않을 때, 그런데도 남자는 여자와 함께 즐기고 싶을 때는 어떻게 유혹해야 할까요?"

"글쎄요? '오늘 밤엔 너랑 같이 있고 싶어' 정도가 알맞을 것 같아요. 너랑 같이 있고 싶다는 표현은 남자와 여자가 아닌, 어렸을 때 마음에 맞는 소꿉친구끼리 하는 말 같아서 정감이 있어요. 둘이 무릎을 끌어안고 어깨를 기댄 채 나란히 앉아 있는 느낌이거든요. 여자의 마음속에서 그런 이미지가 솟아났다면 상대방의 매력이 '중 이하'가 되더라도 즐거운 시간을 보낼 수 있어요."

"그러다가 정말 '같이 있는 것'으로 끝날 수도 있겠네요?"

"그게 어때서요? '같이 있었다'라는 것만으로도 엄청난 진전이죠. 여자가 곁에 있어도 좋다는 말을 했다고 무조건 섹스에 동의했다는 식으로 받아들이면 곤란하지만, 어쨌든 같이 있겠다는 말을 했을 때는 마음속으로 애매한 상황임은 틀림없어요. 남자가 어떻게 나오느냐에 따라 결과가 달라지겠죠."

남자들의 가장 큰 불만은 여자들이 구체적으로 대답해 주지 않는다는 점에 있다. 그러나 여자들의 모호함이야말로 남자들이 꿈에 그리던 상황이 다가오고 있다는 신호인 셈이다. 그 자리에서 싫다고 말하는 것보다 수백 배의 희망이 남아있다는 의미다.

또 이렇게 생각할 수도 있다. '너를 안고 싶다'라는 표현은 지나치게 노골적이어서 여자들이 쉽게 '노'라고 대답할 명분이 생긴다. 그러나 '같이 있고 싶다'라는 말은 그 뜻이 정확하지 않기 때문에 함부로 거절할 수가 없다. 여자의 심리가 복잡해지는 것이다. 그때가 바로 기다리던 기회다.

구차하게
매달려서
성공할 때도 있다

남자들은 가끔 이런 생각을 한다. '왜 여자들은 섹스에 관심이 적을까?' 어쩌면 내가 마음에 들지 않아서 그럴 수도 있다. 하지만 여자 입장에서 보면 그리 손해날 것도 없다. 내가 그렇게 못생긴 것도 아니고, 아직 보여 주지 않은 매력도 많다. 그런데도 한결같이 싫다는 대답만 돌아온다.

어떤 소설에서 이와 비슷한 장면을 읽은 기억이 있다. 전당포 종업원인 C 군은 전당포에서 같이 일하는 A라는 여종업원에게 푹 빠졌다. 그런데 어느 날 A 양이 병에 걸렸다. 다급해진 C 군은 자기 돈을 털어 A 양을 간호했고, C 군의 정성 어린 간호 덕분에 A 양은 병에서 회복되었다. 그 뒤 두 사람은 급속이 가까워졌다. 그러자 C 군은 용기를 내어 A 양에게 프러포즈 했다.

"난 당신과 함께 지내고 싶습니다. 당신이 아니라면 차라리 죽는 것이 행복입니다."

그러나 같은 점포에서 일하는 남녀가 연인으로 발전하는 것은 둘 중 한 명이 직장에서 쫓겨나는 것을 의미한다. 돈을 벌어야 하는 A 양으로서는 어쩔 수 없이 이 프러포즈를 거절한다. 하지만 C 군은 좀처럼 물러설 줄을 모른다.

"좋아, 그렇다면 단 하룻밤이라도 괜찮아. 나와 하룻밤을 지낸다면 내가 단념하겠어. 내가 불쌍하다면 하룻밤만이라도….”

A양의 거절이 C군의 소망을 결혼에서 단 하룻밤으로 격하시킨 것이다. 그렇게 해서라도 사랑하는 여자와 지내고 싶어 하는 것이 남자들의 욕망이다. 남자들의 이 같은 욕망을 자극하는 도구가 다름 아닌 여자들의 '거절' 이다. 남자로서는 이해가 안 된다. 그동안 정성스레 사랑하는 마음을 전했고, 여자도 분명 싫지 않은 것 같았다. 그래서 사랑한다고 말했더니 뜻밖에도 거절이다. 어느 여성(29세. 회사원)에게 소설의 내용을 들려주고 물어보았다. 남자가 이렇게까지 '사정' 한다면 당신은 어떻게 할 거냐고.

"상대방이 누구냐에 따라 다르겠지만…. 그럭저럭 괜찮다면 허락할 것 같아요. 젊은 남자가 나한테 매달리고 사정하는 걸 보는 건 어쨌든 쾌감이니까요. 그런 쾌감 때문에 OK 사인을 보낼지도 알 수 없네요.”

매몰차게 거절당한 남자들에게도 아직 희망은 있다. 매달리고 또 매달리면 어쩔 수 없이 허락하는 여자도 분명 있다. 그녀는 마지막에 이런 말을 했다.

"요즘 남자들은 자존심이 너무 강한 것 같아요. 좋아한다고 말할 때도 자신이 먼저 가이드라인을 정해 놓죠. 여자가 마음을 받아주지 않으면 깨끗이 물러나겠다는 뜻인데, 그 이유가 마음에 안 들어요. 여성의 의견을 존중해서가 아니라 자존심 때문에 물러나는 거죠. 한마디로 상처받기 싫다는 거예요. 공작을 보세요. 암컷을 유혹하려고 하루 종일 그 무거운 깃털을 펼치고 정신없이 춤을 추잖아요. 여자들이 거절하는 이유는 날 위해 그렇게 할 수 있는지 보고 싶기 때문인 경우도 있어요. 그런 경우엔 남자들이 매달리고 사정할수록 여자들은 더 기뻐하죠."

어색한
긴장을 푸는
마사지 기술

중년에 접어든 남성들은 '마사지'라는 수법을 무척 애용한다. 클럽의 호스티스나 카바레에서 일하는 아가씨들과 가까워지기 위해 '마사지'를 한번 해 주겠다며 접근하는 것이다.

그런데 놀랍게도 마사지를 핑계 삼아 접근했을 때 성공률이 꽤 높다. '마사지'를 거절하는 호스티스는, 물론 손님을 접대하는 것이 그녀들의 업무지만, 100명 중 두 명이 채 되지 않는다. 특히나 여성들은 혈액순환 이 좋지 않아서 다들 마사지를 좋아한다. 이것도 하나의 이유가 되는 것 같다. 혹은 속내가 훤히 보이지만, '마사지'라는 구실로 접근하려는 매 너가 얄밉게 보이지 않았는지도 알 수 없다.

어쨌든 마사지를 해 주겠다는 중년 아저씨들의 솜씨가 보통이 아니 다. 아마추어적이긴 하지만, 급소를 정확하게 알고 있다.

이런 중년 남성들을 보면서 영화 007시리즈의 '골드 핑거'가 떠올랐 다. 영화 중 제임스 본드가 여성 전용 마사지사로 나오는 장면이 있기 때문이다.

　제임스 본드에게 새삼 감탄한 것은 늘 전문 마사지사를 두고 마사지를 받는 부유층 사모님들에게 가짜임이 들통나지 않았다는 점이다. 다시 말해 본드 정도의 플레이보이라면 여자들의 긴장을 풀어주는 마사지의 요령쯤은 충분히 숙지하고 있다는 뜻이기도 하다.

　'마사지의 효용'은 첫 번째, 노골적인 터치에 '핑계'를 제공한다는 점이다. 남자에겐 '이건 애무가 아니라 마사지다', 여자에겐 '마사지를 받으려면 어쩔 수 없이 남자에게 몸을 맡길 수밖에 없다'라는 핑계를 제공한다.

　두 번째, 여성의 긴장감을 해소하면서 성적 관심을 촉발할 수 있다. 중요한 것은 바로 이 점이다. 단순히 시원하다는 쾌감뿐 아니라 남자와 신체적으로 접촉하고 있다는 의식이 성적으로 흥분되는 것이다.

　남자 중에는 뜻밖에 마지막 관문을 통과하지 못하는 사람이 있다. 어떻게 해서 단둘이 같은 공간에 머무는 데엔 성공했지만, 마지막 관문을 넘지 못하는 것이다. 만약 그런 문제로 고민하고 있다면 지금 당장 '마사지의 효용'을 시도해 보라고 권한다. '좀 불편해 보이는데 마사지라도 해줄까?'라는 말 정도는 누구나 할 수 있기 때문이다.

　그녀는 당신의 속셈을 알면서도 순진하게 응해 줄 것이다. 단둘이 은밀한 공간에 머무는 것을 허락했다는 뜻은 다음에 벌어질 상황을 이미 예상한다는 뜻이기도 하다. 분명 그녀에게도 나름의 속셈이 있을 것이다.

'한번 더 안기고' 싶게 만드는 최고의 매너

약간 취미가 독특한 여성은 별도로 치고, 절대다수의 여성은 자신의 모습을 남자에게 관찰당하는 것을 싫어한다. 섹스 전에 '불부터 꺼라'고 요구하는 것은 그 때문이다.

섹스의 가장 기본적인 체위는 정상위다. 남성이 여성의 위에 위치하는 것이다. 따라서 남자는 여자의 모습을 모두 볼 수 있는 반면에, 여성들은 남성의 상반신만 보게 된다. 머리를 뒤로 젖히기라도 하면 아무것도 보이지 않는다.

일반적인 섹스의 모습은 90% 이상이 남자가 여자를 관찰하는 형태다. 성인 비디오가 남자들 관점인 이유도 이 같은 데서 찾을 수 있을 것이다.

여자들은 섹스가 자신들의 관점에서 이루어지지 않는다는 것을 알고 있다. 그렇기 때문에 남자가 원하는 대로 섹스를 허락하기 전에 남자에게 '부끄러운 모습'을 보여야 한다는 각오가 동반되어야 한다. 여자들로서는 이런 각오가 절대 쉽지 않다.

동물학 실험에서도 수컷과 암컷의 차이가 분명히 나타나고 있다. 쥐가 교미할 때 주위에서 소음이 들리면 수컷은 계속 교미하는 데 비해 암컷은 흥미를 잃는다.

물론 쥐가 '부끄러움'을 느꼈기 때문은 아닐 것이다. 그러나 중요한 것은 이 실험을 통해 암컷들에게 섹스는 진지하고 감성적인 행위임이 밝혀졌다는 점이다. 여자들은 섹스에 피해의식 같은 게 있다. 사랑하는 마음과 어느 정도의 '각오'가 공존하는 것이다. 따라서 여성의 입장을 충분히 배려해 주는 매너가 필요하다. 저 사람이 나의 '각오'를 배려해 주고 있다는 기분이 들게끔 행동해야 한다. 남자가 자신의 감정에 이끌려 엉뚱한 말을 하거나, 행동을 했을 경우 여자는 '구경거리가 된 듯한 치욕감'에 시달린다.

섹스 도중
그녀의 마음을
사로잡는 기술

얼마 전에 몇 명의 남자들과 술을 마시다가 이런 이야기가 나왔다.

"여자를 잘 설득해서 호텔에 들어갔다고 가정합시다. 여러분은 삽입했을 때와 사정했을 때 중 어느 쪽이 더 좋았다고 생각합니까?"

여섯 명의 남성 중 다섯 명이 삽입을 지지했다. 그들의 의견을 종합하면 다음과 같았다.

"사정은 혼자서도 얼마든지 할 수 있지만, 삽입은 상대방 없이는 불가능하다."

남자들의 가장 큰 특징은 '사정'이든 '삽입'이든 자기 본위라는 점이다. 남자들에게 여자는 정복해야 할 대상과 같다. 우선 여자를 만나고, 데이트를 통해 설득하고, 마지막 미션에 성공하기까지의 과정을 즐긴다. 원하는 목적을 달성했다는 만족감이 가장 중요하다. 여성이 자기만의 드라마를 원한다면 남성은 만족을 얻기까지의 험난했던 여정을 중요하게 생각한다.

266

여성에게 상대 남성은 자신의 드라마에 등장하는 조연이다. 즉, 자신을 주인공으로 만들어 줘야 할 책임이 있다. 반면에 남성에게 상대 여성은 험난했던 여정의 종착역이다. 그녀에게 다가가는 것은 어디까지나 자신이며, 그녀를 취하는 것도 자신이다. 남자의 여정엔 오직 여자뿐이다. 그래서 남자들은 애무 정도면 여자도 만족할 것으로 생각한다. 왜냐하면, 그들에게 중요한 것은 자신의 만족이며 쾌감이기 때문이다.

데이트 도중에는 그토록 달콤한 말을 퍼붓다가도 정작 중요한 순간엔 냉정해진다. 그래서 많은 여자가 "남자들은 결국 섹스가 목적이다."라고 불신하게 되었다.

"섹스할 때 말이 많은 남자는 정말 싫다."

많은 여성이 이런 이야기를 한다. 그런데 한 가지 짚고 넘어갈 점은 여자들이 싫어하는 남자들의 말이 따로 있다는 것이다.

"오늘 회사에서 이런 일이 있었어."

라며 분위기를 깨뜨리는 이야기는 여자들이 가장 싫어하는 종류다. 중요한 순간에 감정을 맞추기는커녕 자기 얘기만 늘어놓는 남자들은 여자들 입장에선 두 번 다시 만나고 싶지 않은 기피 대상이다.

여성은 남성 보다 청각이 발달해 있다. 남자들이 많은 말을 해 줄수록 기쁨도 증가한다. 그녀가 듣고 싶은 말은 나름대로 열심히 가꾼 피부, 큰맘 먹고 바꾼 수입 샴푸 같은 자신의 아름다움이다. 신체에 대한 여성들의 관심은 상상 이상이다. 특히 신체적인 콤플렉스가 있으면 더욱 그렇다.

섹스 중에 남자가 자신의 몸에 대해 아무 말도 해 주지 않으면 여자는 심리적으로 불안해진다. 남편을 생각해서 열심히 음식을 만들었는데, 맛

있다는 칭찬도 없이 무작정 입속에 욱여넣는 남편을 보는 것 같은 심정이 되는 것이다.

물론 당신의 그녀는 모델이 아니다. 모두가 부러워하는 늘씬한 미녀도 아니다. 그래도 그녀는 당신에게 칭찬받고 싶어 한다. 또 잘 찾아보면 그녀가 자랑할 만한 매력도 몇 가지 있을 것이다. 그녀가 신호를 보내기 전에 당신이 먼저 그녀가 원하는 행동을 개시해야 한다.

"난 너처럼 아담한 사이즈가 좋아."라는 말이 그녀를 이 세상에서 가장 행복한 여인으로 만들어 줄 수 있는 것이다. 아름다워지고 싶지 않은 여성은 없다. 당신의 입에서 나오는 '아름답다'는 말은, 비록 그것이 입에 발린 말일지라도 충분히 그녀를 만족시킬 수 있다.

상대방의 호감을
증대시키는
커뮤니케이션의 기술

시험 전날이 되면 같은 반 친구 중 공부 잘하는 친구에게 노트를 빌리
곤 했다. 남학생의 경우 마음에 드는 여학생에게 다가가 일부러 노트를
빌리기도 했다. 남학생 입장에서는 노트를 핑계로 좋아하는 여학생과 조
금이라도 더 이야기할 수 있기 때문이다. 참으로 눈물겨운 시도라고 할
수 있는데, 심리학적으로 매우 긍정적인 시도이기도 하다.

단언컨대 그 여학생은 자신이 노트를 빌려준 남학생에게 상당한 호감
을 느끼게 될 것이 분명하다. 노트 하나 때문에 두 사람 사이에서 사랑이
싹튼다고는 말할 수 없지만, 분명한 것은 노트를 빌려주기 전보다 호감
도는 더 높아졌을 것이다.

인간의 심리는 낯선 타인에게 친절을 베풀었을 때 그 사람에 대한 호
감도가 상승하는 특징이 있다. 예를 들어 어떤 남학생에게 노트를 빌려
준 여학생은 시간이 지날수록 그 남학생에 대한 호감도가 높아지고, 도
시락 좀 싸 달라고 부탁받은 여성이 귀찮다고 생각하면서도 도시락을 싸

주면 자기도 모르게 그 남자를 좋아하게 될 가능성이 높다.

어느 심리학자가 다음과 같은 실험을 했다.

실험자는 지나가는 사람들에게 테스트 용지를 나눠주면서 문제를 맞힌 사람에겐 돈을 주겠다고 제시했다. 테스트는 매우 간단해서 실험에 참여한 전원이 문제를 맞힐 수 있었다. 실험자는 참가자가 받을 수 있는 돈을 60센트와 3달러로 구분했다.

실험이 끝난 후 참가자 전원이 돈을 받았다. 실험자는 참가자를 다음과 같이 세 그룹으로 나누었다.

(1) 실험자가 직접 '다음 테스트를 해야 하는데 돈이 없다. 미안하지만 다시 돌려주면 좋겠다' 라는 부탁을 받은 그룹.

(2) 실험과 관계없는 연구소 직원이 '연구자금이 부족하다. 지금 받은 돈을 우리에게 주면 안 되겠는가?' 라는 부탁을 받은 그룹.

(3) 누구에게서도 돈을 달라는 부탁을 받지 않은 그룹.

이들 세 그룹 중 실험자에 대한 호감도가 가장 높은 그룹은 몇 번이었을까? 결과는 뜻밖이었다.

실험자에 대한 호감도가 가장 높은 그룹은 (1) 번, 즉 실험자로부터 직접 돈을 돌려달라고 부탁을 받은 사람들이었다.

(1) 번 그룹 중에서도 60센트를 돌려준 사람과 3달러를 돌려준 사람 중 3달러를 돌려준 참가자가 실험자에 대한 호감이 더욱 컸다. 다시 말해 돈을 돌려주지 않은 사람보다 돈을 돌려준 사람일수록, 또 적은 액수를 돌려준 사람보다 많은 액수를 돌려준 사람일수록 실험자에게 호감이 가게 된다.

상식적으로 생각했을 때 인간은 타인으로부터 부탁 받는 것을 싫어한다. 특히 부탁받은 일이 귀찮거나, 상대방에 대한 부담이 클수록 부탁을 거절하게 된다. 그런데 왜 실험에서는 정반대의 결과가 나온 것일까?

인간은 본능적으로 자신의 모든 행위를 정당화시키려고 노력한다. 부탁을 들어주는 것은 대부분 자신에겐 손해다. 이 손해를 정당화시키기 위해서는 상대방에 대한 호감도를 높이는 수밖에 없다. 즉, '나는 저 사람을 좋아한다. 그래서 이런 부탁을 들어줄 수밖에 없었다'라고 무의식 중에 생각하게 되는 것이다. 따라서 그 사람이 나를 별로 싫어하는 눈치가 아니라면 친절을 베풀기보다는 그가 나를 위해 친절을 베풀도록 기회를 만드는 것도 좋은 방법이다. 물론 너무 뻔뻔스러운 부탁을 했다간 그나마 괜찮았던 인상마저 지울 수 있으므로 누구나 들어줄 수 있는 부담스럽지 않은 일을 도와달라고 부탁하면 상당한 효과가 나타날 것이다.

쉽게 유혹한
여자일수록
리스크가 크다

이번에는 설득의 함정에 대해 알아보자. 설득했다고 해서 다 좋은 것은 아니다. 특히 연애문제에서는 더 그렇다. 생각보다 쉽게 유혹한 여자일수록 리스크가 크다.

남자들의 일반적인 편견 중 하나가 남자 경험이 많은 여자는 쉽게 유혹할 수 있다는 가설이다. 그 때문인지 특별한 노력도 없이 유혹하는 데 성공한 여자와는 언제든 가벼운 마음으로 헤어질 수 있다고 생각한다.

그런데 이런 생각처럼 위험한 인식은 없다. 남자에게 이골이 난 여자들은 연애가 무엇인지를 알고 있다. 다시 말해 주도권을 빼앗기지 않는다는 얘기다. 경험이 많을수록 노련해지는 것은 연애에서도 다를 바 없다. 연애경험이 많은 여자는 남자를 능수능란하게 다룬다. 따라서 남자들의 머릿속에 박혀 있는 고정관념, 즉 '연애 경험이 많은 여자는 쉽게 유혹할 수 있다'는 고정관념도 잘 알고 있다. 그렇다면 남자의 유혹에 무방비로 넘어오는 여자들은 누구일까? 한마디로 단정하면 '자신이 내린 결정에 필사적으로 달려드는 여자'라고 할 수 있다.

이 같은 성격은 외모에서 전해지지 않는다. 따라서 당신은 이런 여자를 만나도 알아차리지 못한다. 그래서 다른 여자에게 접근하듯 천천히 다가선다.

"처음 들어오자마자 당신이 눈에 띄었어요. 어떻게 말을 걸어야 할지 몰라서 한 시간이 넘도록 몰래 지켜보기만 했다고요. 도저히 용기가 안 나서 그냥 나가려는데 이번 기회를 놓치면 두 번 다시 못 볼 것 같아서…."

평범한 여성이라면 이와 같은 작업 멘트의 70% 정도를 믿을 것이다.

'얼마나 많은 여자 앞에서 이런 얘기를 했을까?'

속으로는 그렇게 생각하면서도 이상하게 기분은 나쁘지 않다. 어쨌든 저 남자는 자신에게 관심이 있고, 그 이유는 자기가 충분히 매력적이기 때문이다. 여자를 만족하게 하는 것은 바로 그 같은 자기만족이다.

남자의 목적은 70%가 섹스고, 30%는 진짜 호감이다. 상식을 갖춘 여자라면 이 정도쯤은 기본으로 알고 있다.

그런데 '자신이 내린 결정에 필사적으로 달려드는 여자'의 경우 워낙 주관이 강한 나머지 균형 감각이 떨어진다. 이런 여자들은 자신에 대한 자부심이 엄청나다. 당신의 작업 멘트를 100% 믿어 버린다. 그녀는 평소에도 '모든 남자가 나의 매력에 끌리고 있다'라고 믿기 때문에 당신의 작업용 멘트를 진실로써 받아들인다.

(지금 이 남자 눈엔 나밖에 안 보여. 나를 위해서라면 무슨 짓이든 할 거야.) 이렇게 생각한 그녀는 적극적으로 당신의 유혹을 받아들인다. 잘하면(혹은 잘못하면) 그날 밤을 함께 보낼 수도 있다. 그러나 기뻐할 때

가 아니다. 그녀와의 우연한 첫날밤은 '지옥'의 시작이기 때문이다.

　아마도 그녀는 당신이 다른 여자와 이야기하는 것도, 30분마다 문자 메시지를 보내지 않는 것도 용서하지 않을 것이다. 왜냐하면, 그녀에게 당신은 '언제나 나만 바라보고 있는 남자'이기 때문이다.

10장

식어버린 사랑에서 깨끗이 탈출하는 방법

– 그녀는 절대 당신을 원망하지 않는다

좋은 관계로
기분좋게
헤어지는 방법

이번에는 '사랑했던' 그녀와 헤어지는 방법에 대해 알아보고자 한다. 헤어짐 또한 상대를 이해시켜야 한다는 점에서 설득하기와 비슷하다. 내가 헤어지자고 말했을 때 그녀가 '예스' 라고 대답해 줘야 하기 때문이다.

'회자정리(會者定離)' 라는 말이 있다. 만남이 있으면 당연히 헤어짐도 있다. 사랑도 예외는 아니다. 아무런 이유 없이 사랑했듯이 특별한 이유 없이 사랑이 식는다. 당신은 이쯤 해서 아름답게 이별하고 싶다. 하지만 그녀는 그럴 생각이 없는 것 같다.

사랑에도 수명이 있다. 우선 이 점을 알고 있어야 한다. 문제는 여간해선 여자들이 이와 같은 '회자정리' 의 이치를 받아들이려고 하지 않는다는 점이다. 위험하고 교활한 남자들 속에서 어렵사리 '믿을 만한 남자' 를 발견했다. 이 남자와 헤어진다면 또 얼마나 많은 '늑대' 를 거쳐야 할지 모른다. 그 두려움 때문에 여자는 결혼까지 생각했던 그를 떠나보내려고 하지 않는다.

한때 여성들 사이에서 독신이 유행한 적이 있었다. 결혼이 여자들 간의 경쟁처럼 비친 현실 속에서 많은 젊은 여성이 사랑을 버리고 인생을 택했다.

"내게 맞는 남자는 없다. 행복한 결혼은 환상에 지나지 않는다. 남자는 득보다 실이 크다."

우리 시대의 독신녀들은 이렇게 외치며 솔로를 지향했다. 그녀들의 논리를 뒤집어 생각하면 '내게 맞는 남자가 나타나 주기만 한다면 지금 당장이라도 내 삶의 모든 것을 바치겠다'와 같은 뜻이다. 그리고 마침내 '내게 맞는 것 같은' 남자를 만났다. 그런데 이 남자는 어느 순간 나를 떠나려 한다.

남자 입장에서는 더는 사랑을 느끼지 못할 때 헤어지는 것이 양심적이다. 그녀를 위해서라도 헤어지는 것이 도리라고 생각한다. 하지만 여자는 다르다. 그동안 함께 만들었던 드라마를 떠올리며 좀처럼 헤어지려고 하지 않는다. 이럴 땐 어떻게 헤어져야 할까. 우선은 '사랑이 끝났음'을 강조하자. 이때 중요한 것은 표현이다. '더 이상 당신에게서 매력을 느끼지 못한다는 뜻이 아니라 우리 사이에서 예전 같은 감정이 생겨나지 않고 있다'는 점을 강조해야 한다. 어떤 여성이든 자신의 매력을 부정하지만 않는다면 상처받을 일은 없다. 따라서 헤어질 때는 여자에게 반드시 이 말을 해 줘야 한다.

'넌 아직도 매력적이야.'

또 함께했던 시간이 소중했다는 것, 그동안의 감정은 결코 거짓이 아니었다는 것을 꼭 표현해야 한다.

나와 잘 알고 지내는 여성(31세. 기획사 근무)은 이렇게 말했다.

"헤어졌어도 그와 사귀는 동안 충분히 사랑받았다고 느껴지면 이별이 슬프지만은 않아요."

한 가지 더 주의할 점은 그녀와 헤어져야겠다고 마음먹은 순간부터 그녀에게 더 잘해 주라는 것이다. 그렇게 2개월 정도 예전 같은 관계를 회복시킨 후 이별을 통보하면 그녀는 두 사람이 가장 사랑했던 시기에 헤어졌다는 만족감에 원망을 늘어놓지 않게 된다.

여자의 나이와
이별에는
상관관계가 있다

결혼은 모든 여자의 소망이다. 사회에서 능력을 인정받은 독신녀마저 때로는 결혼을 생각할 때가 있다. 여자에겐 이처럼 '결혼 소망기'에 해당하는 기간이 있다. 이별을 준비하고 있다면 이와 같은 '결혼 소망기'는 반드시 피해야 한다. 상대방 여성이 받을 심리적 충격이 너무 크기 때문이다.

여성의 '결혼 소망기'는 연령별로 다르다.

(1) **20세 이전** – 10대 초반에 남자와 사귄 여성은 '법적으로 성인이 되는 열여덟 살 생일에 결혼해서 아이 낳고 가정을 가져야지' 라고 생각한다.

(2) **25세 이전** – 직장생활에 적응하지 못한 여성은 '이번 크리스마스를 놓치면 저 지긋지긋한 회사에 남아야 한다' 라고 생각한다.

(3) **30세 이전** – 승진에 대한 꿈이 좌절된 여성, 남성사회의 현실을 통감한 여성은 '서른이 되기 전에 결혼해야 한다' 고 생각한다.

(4) **35세 이전** - 이 시기에 마음에 드는 남자를 만나면 '이번이 마지막이다' 라고 생각한다.

(5) **40세 이전** - 은퇴 후 '툇마루에서 함께 햇볕을 쬐는 정신적 반려자' 를 생각한다.

요컨대 이 시기엔 이별을 말해선 안 된다. 반대로 위의 시기가 지나면 그만큼 이별이 쉬워진다.

그녀가 먼저 '헤어지자'고 말하게 만드는 기술

10여 년 전, 남자로부터 불륜관계를 끝내자는 말을 들은 한 여자가 그 남자의 집에 불을 질렀다. 이 사건으로 남자와 아내, 아이들이 모두 사망했다. 이 사건을 떠올릴 때마다 남자로부터 버림받았다고 생각하는 여자들의 원한에 대해 생각하게 된다.

이 사건이 벌어진 직후 불륜에 도가 튼 베테랑 남자(38세. 방송국 PD)로부터 이런 말을 들었다.

"그 남자는 죽을 짓을 한 거야. 연애는, 특히 불륜일 때는 여자에게 두 사람의 관계에 집착할 계기를 만들어 주면 안 돼. '가정이 있는 남자를 사랑하느라 몸과 마음을 다 버렸다'라고 생각하게 해서는 안 된단 말야. 결혼도 포기하고, 크리스마스 때도 못 만나지만 그가 원하는 모든 것을 다 들어주었다, 그런데 이제 와서 나를 버리려고 한다, 저런 놈은 절대로 용서할 수 없다…. 상황이 이렇게 되면 정말 골치 아프다고. 실컷 이용당하고 버림받았다는 생각이 들게 하면 안 돼. 여자와 헤어질 때는 여자가 먼저 헤어지자고 말을 할 때까지 기다려야 한다고."

특히 불륜일 경우 반드시 유념해야 할 덕목이다. '이렇게 정성을 다했는데', '이토록 사랑했는데' 라는 피해의식을 조장해서는 곤란하다. 그렇다면 여자로부터 헤어지자는 말을 들으려면 어떻게 해야 할까? 불륜의 베테랑은 이렇게 대답했다.

"그야 여자의 기대를 모조리 꺾어 버리는 게 최고지. 크리스마스에 같이 저녁을 먹는다, 정월 초하루에 2박 3일로 온천에 다녀온다, 같은 소망이 어림도 없다는 것을 알게 해야 해. 불륜은 결혼으로 이루어지지 않기 때문에 여자 쪽에서는 이런 사소한 만남에 의미를 부여할 수밖에 없다고. 바보 같은 남자는 가족을 속이거나 무단으로 결근하면서 여자가 바라는 대로 해 주는데, 그렇게 했다간 나중에 헤어지기가 더 힘들어진다고. 저 남자에겐 기대할 게 없다는 확신을 심어 주는 게 중요해. 일단 헤어지기로 마음먹으면 크리스마스, 생일, 휴일 따위는 전부 무시해야 해. 그럼 여자 쪽에서 헤어져야겠다고 마음을 정리하지."

불륜뿐 아니라 일반적인 연애문제에서도 통용될 만한 기술이다.

그녀와 헤어지고 싶다면 "이 남자는 내게 해 줄 수 있는 게 아무것도 없다."는 확신을 심어 줘야 한다. 따라서 그녀가 당신에게 원하는 게 무엇인지부터 확인해야 한다. 그녀의 소망은 그녀와 헤어지는 중요한 열쇠다.

마찰 없이
헤어지고 싶다면
장기전을 각오하라

이별에는 '배면(背面) 도주' 와 '대면 분리' 가 있다. '배면 도주' 는 등을 보이고 도망치는 방법으로 단기전에 해당한다. 시간도 오래 걸리지 않는다.

'배면 도주' 를 고용에 비유한다면 '갑작스러운 해고' 다. 따라서 퇴직금이라느니, 포상금 같은 선물이 필요하다. 연애에서는 '그를 상대하는 데 바친 나의 시간과 젊음', '그를 위해 헌신했던 봉사' 를 값으로 환산해 달라는 요구가 나온다. 어차피 헤어질 마당에 혹시라도 있을 불상사가 두렵다면 그녀의 요구를 들어주는 수밖에 없다. 이 같은 요구는 불륜일 때 더욱 심각하다.

만약 아무런 손실 없이 깨끗하게 헤어지고 싶다면 '대면 분리' 를 선택한다. 고용으로 비유하자면 '스스로 사표를 던질 때까지 기다린다' 는 것에 해당한다. 즉, 장기전이다. 그녀와의 이별로 손해를 보고 싶지 않다면 장기전을 대비하는 수밖에 없다.

여자는 노골적으로 도망치려는 남자를 쉽게 보내주지 않는다. 사랑하기 때문이 아니다. 여자가 지녀야 할 자존심을 무너뜨렸기 때문이다. 다시 말해 분노와 원망이다. '대면 분리'는 그 같은 분노가 원망으로 발전하지 않도록 만드는 기술이다.

대면 분리의 첫 번째 비책은 '길들이기'다. 전화통화, 데이트, 섹스를 줄여나가는 것이다. 그녀가 눈치채지 못하도록 둘 사이의 관계를 냉랭하게 만드는 것이 포인트다. "요즘 좀 이상한 것 같아."라고 말하면 그렇지 않다고 강하게 부정한다. 그러면서도 데이트는 한 달에 한 번을 철칙으로 지킨다.

그녀가 매섭게 추궁해도 본심을 드러내선 안 된다. '요새 좀 바빠서 그렇지 뭐'라며 끝까지 오리발을 내민다. 그녀가 내 말을 믿는 것은 중요하지 않다. 중요한 것은 이렇게 조금씩 멀어져 간다는 점이다.

이와 같은 관계가 1년 정도 지속하면 그녀는 완전히 지쳐 버린다. '이 사람을 더 만나 봤자 나에게 돌아올 것이 없다'라고 생각한다. 그리고 자연스레 다른 남자를 찾게 된다. 그녀가 머뭇거리며 '이별'을 이야기하면 당신은 조용히 들어주기만 한다. 물론 속으로는 '이제야 끝났군.' 하고 안도의 한숨을 내쉬겠지만, 헤어지고 돌아서는 그 순간까지 당신은 그녀에게 버림받은 불쌍한 남자로 행세해야 한다.

담배는 피우면 피울수록 더 피우고 싶어진다. 그러나 사정으로 피우지 못하게 되면 담배가 없어도 불안하지 않다.

사랑의 기본은 담배와 술과 같은 '의존'이다. 천천히 '사랑에 대한 의존도'를 줄여나가면 두 사람이 이별 때문에 상처받을 일은 생기지 않는다.

그녀가
'싫어하는 남자'가 되는
14가지 방법

마지막으로 '여자가 싫어하는 남자의 조건'을 살펴보기로 하자. 그녀와 헤어지고 싶다면 먼저 그녀가 '싫어하는 남자'가 될 줄 알아야 한다.

많은 남녀의 증언을 바탕으로 '여자가 싫어하는 남자의 조건'을 정리해 보았다.

⑴ 과거에는 누굴 만났는지 꼬치꼬치 캐묻는다.

⑵ 무슨 일이든 여자에게 부탁한다.

⑶ 데이트 중에 수시로 다른 여자를 훔쳐본다.

⑷ 선물과 데이트에 너무 많은 돈이 들어갔다고 노골적으로 불만을 토로한다.

⑸ 그녀의 취미를 조롱한다.

⑹ 만날 때마다 일방적으로 자기 자랑을 늘어놓는다.

⑺ '다리가 굵다.', '가슴이 작다.'라고 지속해서 비판한다.

(8) 그녀와 드라이브할 때 서슴지 않고 난폭운전을 한다.

(9) 사소한 말싸움에도 손찌검을 한다(그녀에게 상처를 입힐 정도로 때려서는 안 된다).

(10) '우리 엄마는 매일 아침 생선을 굽고, 된장찌개를 끓이고, 한 달에 한 번 김치를 새로 담근다.'라고 말하면서 자신이 먼 훗날 어떤 남편이 될 것인지 알려준다.

(11) '여자는 얼굴만 예쁘면 그만이다. 머리가 텅 비어야 여자답다.'라는 말로 여성을 비하한다.

(12) 변태적인 섹스를 강요한다.

(13) 섹스가 끝나면 그 즉시 텔레비전을 시청한다.

(14) 자립심이 강하고, 직장에서 능력을 인정받는 여자라면 '결혼하면 집에만 있어야 한다.'고 말한다.

이 14가지를 모두 실천해 보라고는 권하지 않겠다. 이 중에서 쉽다고 생각되는 두서너 가지만 실행해도 그녀는 충분히 당신을 증오하게 될 것이다. 여자들은 '정말 괜찮은 남자와 헤어졌다'는 아쉬움에 스스로 상처를 만드는 경향이 있다.

한때나마 그녀를 사랑했고, 그녀의 앞날이 행복하기를 바란다면 주저할 것 없이 그녀가 '증오하는 남자'가 되어야 한다. 어떤 의미에서는 이것이 그녀를 위한 마지막 '사랑'일 수도 있다.

11장

당신의 일상이
타인에게
조정당되고 있다?

- 세상에는 속임수가 넘쳐난다

'우연히' 듣게 된 소문에 현혹되는 이유

회사마다 소문을 잘 퍼뜨리기로 소문난 사람들이 있다. 그렇다고 무조건 소문을 퍼뜨리거나 하지는 않는다. 복도나 엘리베이터 같은, 인적이 드문 곳에서 남몰래 소문을 퍼뜨린다. 이를테면 옆에 누군가 있다는 것을 알면서도 모른 척하고 동료들에게 자신이 들은 소문을 이야기한다. "이번 인사이동 때 말이지…." 하고 직장인이라면 모두가 궁금해할 만한 화제를 꺼내는 것이다.

소문을 퍼뜨리는 장본인이 노리는 것은 직접 그 이야기를 듣고 있는 인물이 아니다. '우연히' 엿듣게 된 주변인들이다. 이들 주변인이야말로 회사 내에 소문을 퍼뜨리는 주인공들이다.

상대방으로부터 직접 이야기를 들은 사람은 '설마 그렇게까지야'라고 믿지 않는 경우가 많다. 하지만 이 이야기를 '우연히' 엿듣게 된 사람은 확인해 보지도 않고 믿어 버린다. 소문을 퍼뜨리는 데 일가견이 있는 사람들은 이 같은 '우연'의 효용을 정확히 파악하고 있다.

'우연히 듣게 된 이야기'에 인간은 너무나 쉽게 휩쓸려 버린다. 이에 대해서는 다음과 같은 실험을 통해서도 확인할 수 있다.

전원이 기숙사 생활을 하는 어느 대학에서 학생들에게 교수들의 잡담을 '우연히' 엿듣게 했다.

교수들이 주고받은 대화는 "3, 4학년은 기숙사에서 나가도록 하자."는 내용이었다. 가뜩이나 기숙사 생활을 답답해했던 여학생들로는 듣던 중 '반가운 소식'이었다. 그렇다면 이 같은 이야기를 '우연히' 엿듣게 된 여학생들은 어떤 반응을 보였을까?

교수들의 이야기를 우연히 엿들은 여학생들은 교수들의 대화를 진실로 여겼다. 조만간 기숙사에서 나가게 될 것이라고 확신했다.

도대체 인간은 무슨 이유로 '우연히 엿들은 이야기'에 휩쓸리는 것일까?

가장 큰 이유는 경험 때문이다. 자신과 관계된 이야기일수록 내가 없는 곳에서 이루어졌다는 경험 때문이다.

회사에서도 인사에 관계된 이야기는 본인이 없는 곳에서 결정되는 게 일반적이다. 친구들 사이에서도 마찬가지다. 친구에 대한 험담은 그 친구가 없는 곳에서 이루어진다.

그래서 나와 관계된 이야기를 '우연히' 엿듣게 되면 그것이 진실이라고 착각하게 된다.

이와 같은 인간 심리의 이면을 활용하면 '우연'을 가장해서 상대방을 내 마음대로 조종하는 것이 가능해진다.

한 예로 "우리 과장은 ○○○씨를 높게 평가하고 있다."라는 이야기를 '우연히' ○○○씨가 듣도록 하면 당사자는 무척 기뻐할 것이다. 누가 시키지 않아도 업무에 더욱 열심히 매달릴 것이다.

반대로 "우리 과장은 ○○○씨라면 질색하는 것 같아."라는 이야기를 상대방 귀에 들어가게 하면 일이 제대로 손에 잡히지 않을 것이다.

추상적인 표현에서
벗어나야 하는
이유

1999년은 이래저래 시끄러운 한 해였다. 특히 'Y2K' 문제로 전 세계가 혼란에 빠졌다. 그리고 또 한 가지 빼놓을 수 없는 사건이 있었다.

다름 아닌 '노스트라다무스의 예언'이 정말 실현될 것이냐는 점이었다. 1999년 7월은 아마도 인류 역사상 가장 주목받은 한 달이었다.

중세 프랑스의 점성술사 노스트라다무스는 1999년 7월에 대사건이 벌어질 것이라고 예언했다. 그 내용은 '공포의 왕이 하늘에서 내려올 것이며, 앙골모어의 대왕이 부활해 불이 세계를 지배할 것이다'였다.

자세히 살펴보면 노스트라다무스의 예언은 처음부터 끝까지 추상적이다. 일반인으로서는 도저히 이해할 수 없는 문장뿐이었다.

그 와중에 일부 사람들은 노스트라다무스의 예언을 인류 파멸의 전조로 받아들였다. 그들은 '공포의 왕'이 핵전쟁에 의한 방사능이다, 환경 오염이다고 주장했다. 매스컴도 이에 편승해 연일 보도를 계속했고, 이 예언과 관련된 책들이 베스트셀러가 되기도 했다.

이런 책을 정독한 젊은이 중에는 노스트라다무스의 예언을 믿게 된 경우도 많았다. 어차피 1999년 7월이면 세계가 멸망한다, 학교에서 공부해 봤자 쓸모도 없다면서 멋대로 방황했다.

그러나 결과는 어떻게 되었는가? 파국이 일어날 거라고 예언한 1999년 7월은 평소와 다름없이 조용했다. 노스트라다무스의 추상적인 예언을 '파국의 전조'로 해석한 사람들이 문제였다.

노스트라다무스의 예언은 매우 추상적이었기에 얼마든지 마음대로 그 의미를 해석할 수 있었다. 그래서 사람에 따라서는 이 예언을 인류 멸망으로 받아들이기도 했다.

이와 같은 추상화는 일종의 속임수다. 노스트라다무스의 예언에만 한정된 이야기도 아니다. 요즘 유행하고 있는 혈액형으로 알아보는 성격, 심리테스트 같은 것들은 대부분 추상적으로 질문하고, 추상적으로 답변하도록 유인한다. 문제는 이처럼 추상적인 표현에 인간이 쉽게 현혹되고 있다는 점이다.

예를 들어 "요즘 고민이 많으시죠?"라는 말을 들으면 '혹시 저 사람에게 예지 능력이라도 있는 게 아닐까?'라는 의혹에 사로잡힌다. 하지만 이 세상에 고민이 한두 가지 없는 사람이 있을까?

점쟁이들은 추상적인 표현에 약한 인간의 심리를 적극적으로 이용한다. 모두에게 통용되는 일반화 된 추상적인 표현으로 마치 그의 속마음을 다 알고 있다는 듯 행동하는 것이다.

이처럼 추상적인 표현으로 마음을 움직일 줄 아는 사람들이 자주 쓰는 표현 중 하나가 '당신 마음속에는 남들이 모르는 무언가가 있다'는 것이다. 언뜻 보기엔 정말 그 사람의 특징을 다 알고 있는 듯한 표현이다.

그러나 '마음속에 남들이 모르는 무언가' 가 없는 사람은 없다. 그런데 내성적인 사람이 이런 말을 들으면 '저 사람은 내 안에 남들이 모르는 에너지가 있다는 것을 알고 있어' 라고 생각하고, 적극적인 사람은 '저 사람은 내 안에 남들과 비교할 수 없는 파워가 있다는 것을 알고 있어' 라고 받아들인다.

추상적인 표현은 모든 사람에게 해당되는 애매한 표현이다. 그럼에도 불구하고 사람들이 점쟁이나 예언서에 현혹되는 까닭은 누군가가 현재 내가 처한 상황을 알아차려 주기를 바라고 있기 때문이다. 즉, 상대방의 추상적인 표현을 자기 멋대로 해석해서 자신에게만 해당하는 구체적인 표현으로 바꿔 버리는 것이다.

이와 같은 추상적인 표현은 사람을 설득하는 데 매우 효과가 크다. 가령 당신의 부하직원이 좀처럼 업무에 집중하지 못한다고 가정하자. 이때 당신이 'ㅇㅇㅇ는 어딘지 모르게 스케일이 큰 것 같아' 라고 말한다면 부하직원은 '우리 과장님은 내가 앞으로 큰 일을 하게 될 거라고 생각하는 거야', '내겐 아직 보여 주지 못한 능력이 많다는 걸 알고 계신 거야' 라고 생각하면서 그에 합당한 능력을 보여 주고자 노력하게 될 것이다.

직책이
사람을
만드는 이유

직장인들의 가장 큰 관심은 고용안정이다. 그러나 기업에서는 인원 감축을 핑계로 중간 관리직을 계속 줄이고 있다. 극단적인 어느 기업은 CEO를 제외한 모든 직원을 평사원인 경우도 있다. 물론 기업 입장에서는 인건비 절감이라는 목표가 있겠으나, 사원들의 의욕을 생각한다면 장기적으로는 기업에 도움이 안 되는 방침이다. 특히 중간 관리직은 기업을 이끌어나가는 중추로써 의욕 면에서도 가장 적극적이다.

중간 관리직이 일반 평사원보다 업무에 의욕적일 수밖에 없는 이유는 중간 관리직의 직책에서 찾아볼 수 있다. 중간 관리직은 부하직원이 업무에 최선을 다하도록 '설득' 하는 자리이기도 하다.

중간 관리직처럼 누군가를 설득해야 하는 입장은 조직 내에서 가장 큰 열정을 보인다. 이에 대해서는 다음과 같은 실험을 통해 알 수 있다.

실험자는 3인 1조로 각기 다른 테마를 정해 준 다음, 서로 돌아가며 의견을 발표하도록 했다. 즉, 한 명이 의견을 발표하면 나머지 두 명이 듣는 식이다. 실험자가 정해 준 테마는 '3년 후의 영화관 수'라든가, '쇠고기의 공급량 저하' 등이었고, 실험자는 미리 발표할 내용을 준비해 뒀다. 이때 실험자가 준비한 내용은 학생들의 실제 의견과는 상당한 차이가 있었다. 이 실험의 목적은 자신과 다른 의견으로 다른 사람을 설득해야 할 때, 자신에게 주어진 의견에 얼마나 공감할 수 있느냐였다.

실험 결과 자신의 뜻과 견해가 다를지라도 나머지 학생들을 설득하는 와중에 점차 동조하게 됨을 알게 되었다.

학생 중 70% 이상이 설득 도중에 자신의 뜻을 바꾸었다.

특히 스스로 의견 발표를 잘했다고 평가한 학생들, 또한 주어진 내용에 약간의 즉흥성을 더한 학생일수록, 다시 말해 설득에 적극적이었던 학생일수록 주어진 의견에 공감하는 비율이 월등히 높았다.

이와 같은 결과는 비단 실험에만 국한되는 얘기가 아니다. 인간은 자기 생각과 다른 내용으로 상대방을 설득해야 할 경우, 설득이라는 목표를 달성하기 위해 자기 생각을 버리고 주어진 의견을 인정하게 된다.

그러므로 어떤 사람을 설득하고 싶을 때는 그 사람을 '설득자'로 만드는 것이 제일 나은 방법이다. 아무리 비판적인 사람일지라도 '설득자'라는 역할을 주면 설득이라는 목적의식의 지배를 받게 되고, 자연스레 생각을 바꾸게 된다.

기업이 중간 관리직을 축소해서는 안 되는 이유가 여기에 있다. 중간 관리자는 '설득자'의 역할이다. 따라서 CEO가 아님에도 회사에 대한 열정이 평사원과 비교했을 때 상대적으로 강하다. 중간 관리직을 축소하는 것은 단순히 임금 절약뿐 아니라 사원들의 열정마저 감소시킬 위험이 있다.

상대방의
지갑을 여는
최고의 기술

요즘 들어 거리에서 모금하는 모습을 보기가 힘들어졌다. 모금함을 들고 다니면서 '부탁합니다', '어려운 이웃들에게 사랑을 보여 줍시다' 와 같은 말을 들으면 그래도 아직은 착한 사람들이 더 많다는 생각에 마음이 훈훈해진다. 그런데 모금함을 내밀어도 사람들은 여간해선 지갑을 꺼내지 않는다.

그럴 때는 한 가지 방법이 있다.

"단돈 100원이라도 상관없습니다. 사랑을 전해줍시다." 라고 말한다. '100원이라도 상관없다' 라는 구체적인 조건이 사람들의 지갑을 여는 기술이다.

이에 대해서는 미국에서도 실험을 통해 증명된 바 있다.

실험자는 미국의 암 협회와 공동으로 '암 박멸을 위한 모금' 을 계획했다.

실험 방법은 남녀 두 명이 각 가정을 방문하여 모금 활동을 하는 것이었다. 이때 첫 번째 그룹은 "암 환자를 위해 작은 정성을 부탁드립니다."
라고 말했고, 두 번째 그룹은 "1페니도 좋습니다. 암 환자를 위해 작은
정성을 부탁드립니다."라고 말하도록 했다. 참고로 1페니는 1달러의 100
분의 1에 해당한다.

모금 결과, '1페니도 좋다' 는 구체적인 조건을 제시한 두 번째 그룹의
성공률이 훨씬 높았다. 첫 번째 그룹은 40여 가구를 방문했고, 이 중 10여
가구에서만 모금에 성공했다. 반면에 두 번째 그룹은 40여 가구 중 절반
이상인 스물한 가구에서 모금에 참여했다.

'1페니도 좋다' 라는 구체적인 기준이 모금에 대한 사람들의 거부감을
제거해 준 것이다. 쉽게 말해 '단돈 1페니면 된다' 라는 단순한 등식 덕분
에 거부감 없이 지갑을 꺼낼 수 있었던 셈이다. 모금에 적극적으로 찬성
하는 사람이라고 해도 막상 모금함 앞에서는 주저하게 된다. 구체적으로
얼마를 내야 좋을지 모르기 때문이다. 이때 '단돈 1페니면 충분하다' 라
는 구체적인 최저 금액이 정해지면 부담 없이 지갑을 열게 된다.

더욱 흥미로운 사실은 1페니만 낸 기부자가 없었다는 점이다. 대체로
1달러 이상이 가장 많았다. 가구당 평균 모금액을 비교하면 첫 번째 그
룹이 1달러 54센트였고, 두 번째 그룹은 이보다 약간 적은 1달러 44센트
였다.

즉, 처음부터 모금에 참여하기로 작정했던 사람들은 약 1달러 정도를
생각하고 있었다. 하지만 이 1달러가 기준에 적합한지는 의문이었다. 그
래서 주저하게 된 것이다. 이때 '1페니면 충분하다' 라는 설명을 들으면
망설이지 않고 1달러를 꺼내게 된다.

그러나 다른 실험에서 '1달러면 충분하다' 라고 설명했더니 오히려 모

금액이 줄어들었다. 처음부터 1달러를 생각하고 있던 사람에게 1달러만 모금하면 된다고 말한 것뿐인데, 왜 이처럼 상반된 결과가 나온 것일까.

그 이유는 '1페니면 충분하다' 라는 말을 들었을 때만큼 모금에 대한 만족감이 크지 않았기 때문이다. 다시 말해 1달러를 생각하고 있었을지라도 상대방이 책정한 최저 모금액이 '1달러' 라는 것을 알게 되면 자신의 기부금이 왠지 적은 것처럼 느껴져 아예 기부 자체를 거부하게 만드는 것이다.

따라서 조건을 제시해 상대방을 설득할 때는 상대방이 생각하는 기준에 훨씬 못 미치는 기준을 제시하는 것이 좋다.

바겐세일 때
필요 없는 물건까지
구입하게 되는 이유

연말에 바겐세일 행사가 시작되면 백화점이나 대형 마트 등은 상품교환권을 배포한다. 이 상품교환권으로는 고작해야 티슈 한 상자 정도밖에 살 수 없다.

그래도 '공짜'라는 생각에 상품교환권을 들고 백화점을 찾는다. 문제는 백화점 밖으로 나올 때 티슈 한 상자만 들고 있지 않다는 점이다.

어차피 백화점에 들른 목적은 티슈였다. 물론 백화점엔 싸고 매력적인 상품이 많았을 것이다. 하지만 이런 것들은 이미 집에 있다. 그런데도 또 물건을 산다. 대체 이유가 뭘까?

작은 것이라도 티슈 한 상자를 공짜로 얻었다. 백화점에 '은혜'를 얻은 것이나 마찬가지다. 양심상 티슈 한 상자만 들고나오기엔 눈치가 보인다. 그래서 세일하는 물건 중 마음에 드는 것으로 몇 개 더 사서 나온다. 배보다 배꼽이 더 커지는 과정이다.

식품 매장의 시식코너에서도 이와 비슷한 풍경이 펼쳐진다. "하나 드셔보세요?"라는 말을 듣고 한 입 먹어 본다. 어쨌든 남의 것을 공짜로 먹었다. 양심상 그 판매원 앞을 그냥 지나치기가 불편하다. 그래서 별로 좋아하지도 않는 비엔나소시지를 카트에 담아 버렸다.

이처럼 사람은 상대방으로부터 예상치 못한 혜택을 받게 되면, 자신이 그 같은 혜택을 기대하지 않았다 하더라도 양심상 '은혜'를 느낀다.

'은혜'를 다른 말로 표현하면 '마음의 빚'이다. 이 '마음의 빚'을 그대로 놔두면 항상 마음이 편치 않다. 부담을 떨쳐 내기 위해서는 어떻게든 이 빚을 갚아야 하는데, 그러려면 내게 '은혜'를 준 그 사람에게 무엇인가를 돌려줘야 한다.

윤리의식이 강한 동양 사회는 어렸을 때부터 남에게 받은 은혜는 꼭 갚아야 한다고 배웠다. 이것이 동양에서는 하나의 사회적 규칙이다. 아무리 보잘것없는 성의라도, 그것이 티슈 한 상자거나 소시지 한 조각에 불과해도 인간의 사회성에 뿌리내린 '은혜는 갚아야 한다'는 의식의 발로는 막지 못한다.

인간이 은혜에 약한 동물이라는 것은 '리건'이라는 심리학자의 실험에서도 알 수 있다.

실험자는 회화 평가를 명목으로 실험 대상자를 모집했다. 이렇게 모집한 실험 대상자를 2인 1조로 편성했다.

2인 1조 중 한 명은 실험자의 의도를 알고 있는 참가자였다. 실험자는 실험 의도를 알고 있는 참가자들에게 한 가지 지령을 내렸다. 참가자 중 절반은 회화를 평가하는 동안 상대방에게 차를 한 잔 대접하고, 나머지 절반은 상대에게 아무것도 제공하지 말라는 것이었다.

회화 평가가 끝난 후 참가자는 상대방에게 일일 찻집 티켓을 사 달라고 부탁했다. 그 결과 차를 대접받은 실험 대상자와 그렇지 않은 실험 대상자간에 상당한 차이가 있었다.

차를 대접받은 실험 대상자가 티켓을 구입할 확률은 그렇지 않은 실험 대상자와 비교했을 때 두 배 이상이었다. 한 잔의 차가 사람들을 움직인 것이다.

상대방으로부터 '예스' 라는 말을 듣고 싶다면 설득하기 전에 몇 가지 '은혜' 를 베푸는 것이 중요하다.

상대방이 부담스러워 할 정도의 큰 선물이 아니어도 괜찮다. 평소에 이런 '은혜' 가 쌓이면 상대방은 심리적인 부채를 갚기 위해서라도 '예스' 라고 대답할 것이다.

반대로 생각하면 아무리 작은 것이더라도 '은혜' 를 입었을 때는 반드시 갚아 줘야 한다고 각오하는 편이 좋다.

광고에 나온 물건보다
더 비싼
물건을 사는 이유

자동차 세일즈맨들이 가장 골치 아프게 생각하는 것은 고객들의 할인 요구다.

고객은 아주 당연한 것처럼 한 푼이라도 더 깎으려 하고, 세일즈맨에겐 도저히 양보할 수 없는 마지노선이 있다. 때로는 그 차이가 너무 커서 계약이 무산되기도 한다.

예를 들어 고객이 30만 원을 깎아 달라고 부탁했다고 가정하자. 그러나 이익을 계산하면 20만 원밖에 깎아줄 수 없다. 10만 원이나 차이 나는 계약은 불가능하다. 어쩔 수 없이 포기하는 수밖에 없다. 그러나 능력 있는 세일즈맨이라면 이 불리한 상황을 지혜롭게 타개할 것이다. 우선 고객에게, "알겠습니다. 하지만 제 마음대로 할 수 없으니 회사와 상의한 후 전화 드리겠습니다."라고 말한다.

그리고 몇 시간 후 세일즈맨은 약속대로 고객에게 전화를 건다.

"죄송합니다. 역시 30만 원까지는 무리라고 합니다. 정말 죄송합니다…."

그러면 고객은 뭐라고 대답할까. 30만 원을 깎아주지 않으면 절대 계약하지 않겠다고 나오던 고객이 거짓말처럼 '그럼 할 수 없죠' 라면서 20만 원만 깎아 달라고 한다.

고객은 이 세일즈맨으로부터 '알겠습니다' 라는 말을 들은 직후 그 차가 내 것이 된 듯한 기분에 사로잡혔다. 오래전부터 갖고 싶었던 자동차다. 영업소에 오기 전부터 자신이 그 차를 몰고 신나게 드라이브하는 장면을 상상했을 것이다.

벌써 이 정도로 마음이 들떴는데, 단돈 10만 원 때문에 물러선다는 것은 말이 안 된다. 이미 내 차라고 생각했다. 이제 와서 그 행복을 포기하고 싶지는 않다. 10만 원이 조금 아깝긴 하지만 '그럼 다른 차를 알아보겠다' 는 말은 도저히 할 수가 없다.

이렇게 한 번 마음이 정해지면 처음 기대했던 상황과 달라져도 쉽게 포기할 수가 없다. 여간해선 '노' 라고 말하지 못하는 것이다. 바꿔서 생각하면 상대방이 무리한 요구를 해올 경우 우선 '예스' 라고 대답했다가 나중에 '노' 라고 변경하는 것도 지혜일 수 있다.

예를 들어 전부터 컴퓨터를 새로 사려고 마음먹었던 사람이 우연히 컴퓨터를 세일 판매한다는 광고를 보게 되었다. 그런데 실제로 산 컴퓨터는 광고에서 본 값싼 컴퓨터가 아니라 가격이 비싼 제품이었다. 광고를 보고 매장에 갔지만, 점원들로부터 "오랫동안 쓰실 제품이라면 조금 비싸긴 해도 이 컴퓨터가 고객님께 유리할 거예요."라는 말을 듣곤 생각이 바뀐 것이다.

어차피 컴퓨터를 새로 살 작정으로 매장에 갔다. 그의 머릿속엔 온통 컴퓨터를 사야한다는 생각밖에 없다. 가격을 보고 찾아갔지만, 중요한 것은 가격이 아니라 컴퓨터를 사야겠다는 욕망이다. 그 욕망은 '싼 제품보다 좀 더 성능이 좋은 컴퓨터'를 보는 순간 더욱 격해진다.

백화점이나 대형 마트가 할인 품목으로 손님들을 유혹하는 것은, 비유컨대 작은 새우 한 마리로 팔뚝만한 잉어를 낚는 기술이라고 해야 할 것이다.

당신이
세일즈맨의 목소리에
넘어가는 이유

어떤 텔레비전 프로그램에 높은 실적을 자랑하는 화장품 세일즈맨이 출연했다. 그는 자신만의 노하우를 직접 보여 주었는데, 우선 거리에서 화장품의 최대 수요자인 스물다섯에서 서른다섯 살 사이의 여성들에게 접근한다. 그리고 친절하게 이야기를 건넨다. 이때는 화장품에 대해선 한마디도 하지 않는다. 상대방의 외모만을 쉴 새 없이 칭찬한다.

눈이 너무 예쁘다, 스타일이 좋다, 같은 말을 계속한다. 처음에는 수상쩍게 바라보던 젊은 여성들은 칭찬에 익숙해지면서 점점 기분이 고조된다.

이렇게 해서 상대방이 이야기에 흥미를 보이기 시작하면 슬슬 다음 단계로 넘어간다.

"다 좋은데 한 가지가 마음에 걸리네요."라고 말하곤, "요즘 힘드신봐요. 피부가 푸석푸석하네요.", "지금은 괜찮지만 몇 년 후면 주름이 많이 잡힐 것 같아요." 하고 하나씩 결점을 지적한다.

이때 상대방이 동요하는 눈치가 보이면 잽싸게, "걱정하지 마세요. 이 로션을 바르면 밤새도록 야근해도 피부가 잡티 하나 없이 깨끗해질 거예요."라고 '본론'을 말한다.

처음 만나자마자 '이런 로션이 있는데…'라고 '본론'을 이야기했을 때보다 고객은 몇 배나 더 큰 흥미를 보인다는 얘기였다. 한 번 구미가 당기면 그때는 일사천리다. 화장품의 효능만 설명해도 여성들은 주저하지 않고 지갑을 꺼낸다.

이와 같은 세일즈 기술을 보면서 인간 심리를 제대로 활용하고 있는 데에 상당히 놀랐다.

누군가를 설득하기 위해서는 '본론'이 필요하다. 그런데 '본론'을 꺼내기까지 약간의 과정이 필요하다. 이 과정은 크게 두 가지로 나눌 수 있다. 첫째는 클라이맥스 논법이다. '본론'을 제일 마지막에 꺼내 상대방을 설득하는 방법이다. 두 번째는 반클라이맥스 논법으로 '본론'을 맨 처음에 꺼내는 설득법이다.

클라이맥스 논법은 상대방이 흥미로워하는 테마일 경우 효과가 크다. 상대방이 흥미를 가진 테마라면 처음부터 관심을 기울일 것이다. 따라서 순서대로 설명한 후 마지막에 '본론'을 이야기하면 된다. 앞서 화장품 세일즈맨이 취한 것도 클라이맥스 논법이었다. '아름다움'은 모든 여성이 관심을 두고 있는 매우 대중적인 화제다. 우선 아름다움으로 여성들의 관심을 끈 후 마지막에 '당신의 아름다움을 좀 더 빛나게 할 수 있는 화장품이 있다'라고 '본론'을 이야기하는 것이다.

반클라이맥스 논법은 상대방이 테마에 별로 관심을 나타내지 않을 때 사용하면 효과적이다. 처음부터 '본론'을 꺼냄으로써 상대방의 주의를 끄는 것이다.

난해한 예술 영화일 경우 첫 부분부터 주제를 암시하곤 한다. 앞으로 전개될 내용을 대사와 장면을 통해 관객에게 먼저 보여 주는 것이다. 이를 통해 관객은 영화의 주제에 좀 더 관심을 갖게 되고, 약간 지루한 장면이 나오더라도 앞서 확인한 '본론'을 생각하면서 지켜보게 된다.

그러나 이와 같은 반클라이맥스 논법을 활용할 때는 상대방의 공포심을 자극해선 안 된다.

예를 들어 건강을 생각한다면 지금 당장 운동을 시작해야 한다고 말할 때, '운동하지 않으면 몸이 약해져 병에 걸린다' 라는 식으로 엄포를 놓았다간 상대방의 불안감을 자극해 오히려 나쁜 결과가 초래될 수 있다.

이럴 때는 걷는 것이 얼마나 건강에 좋은지를 차례로 설명하고, 마지막에 가서야 '운동하지 않으면 몸이 약해져 병에 걸린다' 라는 본론을 이야기하는 것이 좋다.

자신도 모르게
귀를 기울이는 이유

대중 강연을 잘하는 사람들을 보면 한 가지 공통점이 있다.

청중의 반응이 시원치 않다고 생각될 때 "이 이야기는 오늘 처음 하는 건데…."라면서 사람들의 호기심을 자극한다는 점이다. 이런 말을 들으면 쏟아지는 졸음을 참고 있던 사람도 정신이 번쩍 든다. 그런데 '오늘 처음 이 자리에서 하는 이야기'는 실제로 '이 자리에서만' 하는 이야기가 아니다. 아마도 강연자는 다른 곳에서도 '이 이야기는 오늘 처음 하는 건데'라고 말했을 것이다. 모르긴 해도 그가 쓴 저서에도 '그 이야기'가 실려 있다. 청중도 이와 어설픈 속임수를 다 꿰뚫어 보고 있다. 그런데도 '이 이야기는 오늘 처음 하는 건데'라는 말을 들으면 이상하게 궁금하다. 왜 그럴까? 실생활에서도 이 같은 궁금증을 찾아볼 수 있다. 매장에서 '한정품'이라고 써 붙인 물건을 보거나, 길을 걷다가 '오늘 하루만 한정 판매'라고 쓰인 광고를 보면 이상하게 궁금하다. 궁금함을 넘어서 꼭 사야 할 것만 같다.

'워첼'이라는 학자가 이와 같은 인간 심리를 밝히고자 다음과 같은 실험을 했다. 먼저 실험 대상자를 두 그룹으로 나눠 각각 비스킷을 먹게 한다. 이때 비스킷을 넣은 병을 두 그룹으로 나눈다. 한 그룹엔 비스킷이 열 개 들어있는 병에서 하나만 꺼내 먹도록 하고, 다른 그룹엔 비스킷이 두 개밖에 들어 있지 않은 병에서 하나만 꺼내 먹도록 했다.

그 후 "비스킷이 더 먹고 싶은 사람?" 하고 물어보았다. 결과는 어떻게 되었을까? 비스킷이 두 개밖에 들어 있지 않은 병에서 꺼내먹은 그룹에서 더 먹고 싶다는 의견이 많았다. 또 이들은 자신들이 먹은 비스킷이 무척 맛있다고 느꼈다. 병마다 두 개밖에 들어 있지 않았으므로 희소성을 느낀 것이다. 그 희소성이 실험 대상자들에게 어필한 셈이다. 이처럼 인간은 희소가치가 있다고 생각될 때 그만큼 유혹을 받고, 마음이 흔들린다. 인간에겐 자유롭게 물건을 구매할 의지가 있다. 하지만 어떤 물건에 희소성이 부여될 경우, 경쟁이 생긴다. 상황에 따라서는 그 물건을 구매하고 싶어도 구매할 수 없는 처지가 될 수 있다고 생각하는 것이다. 그러면 인간은 미래에 겪게 될지도 모르는 그와 같은 상황을 대비해서 일단 사 놔야겠다고 생각한다. 즉, 그 물건이 필요해서가 아니라 그 물건을 사지 못하게 될 경우를 생각하게 되는 것이다. 정말 필요할 때 이 물건을 사지 못할 수 있다라는 의식이 지금은 필요하지 않지만 그래도 나중을 생각해 '미리 사 놓자'라는 행동을 강요한다. 유난히 명품에 열중하는 젊은 여성들 중에는 이유도 없이 거금을 들여 핸드백을 사는 경우가 종종 있다. 그녀에게 핸드백이 필요해서가 아니다. 새로 출시된 핸드백이 모두 팔려 나가면 내가 사고 싶을 때 살 수 없게 된다는 강박관념이 그녀로 하여금 매장으로 달려가게 만든다.